BIBLIOTHÈQUE

DE L'ÉCOLE

DES HAUTES ÉTUDES

PUBLIÉE SOUS LES AUSPICES

DU MINISTÈRE DE L'INSTRUCTION PUBLIQUE

SCIENCES PHILOLOGIQUES ET HISTORIQUES

QUATRE-VINGT-DIX-SEPTIÈME FASCICULE

LE LIVRE DE CE QU'IL Y A DANS L'HADÈS

PAR G. JÉQUIER

PARIS

ÉMILE BOUILLON, ÉDITEUR

67, RUE DE RICHELIEU, 67

1894

LE LIVRE

DE CE QU'IL Y A DANS L'HADÈS

CHALON-SUR-SAONE
IMPRIMERIE FRANÇAISE ET ORIENTALE DE L. MARCEAU

LE LIVRE
DE CE QU'IL Y A DANS L'HADÈS

VERSION ABRÉGÉE
PUBLIÉE
D'APRÈS LES PAPYRUS DE BERLIN ET DE LEYDE
AVEC VARIANTES ET TRADUCTION
ET SUIVIE D'UN
INDEX
DES MOTS CONTENUS AU PAPYRUS DE BERLIN N° 3001

PAR
GUSTAVE JÉQUIER

PARIS
ÉMILE BOUILLON, ÉDITEUR
67, RUE DE RICHELIEU, 67
1894

Sur l'avis de M. Maspero, directeur de la conférence de philologie et antiquités égyptiennes, et de MM. Paul Guieysse et Philippe Virey, commissaires responsables, le présent Mémoire a valu à M. Gustave Jéquier le titre d'*Élève diplômé de la section d'histoire et de philologie de l'École pratique des Hautes Études.*

Paris, le 21 novembre 1892.

Le Directeur de la Conférence,
Signé : G. Maspero.

Le Président de la Section,
Signé : G. Paris.

Les Commissaires responsables,
Signé : P. Guieysse,
Ph. Virey.

PRÉFACE

Les ouvrages religieux que les Égyptiens emportaient avec eux dans la tombe nous sont parvenus, en conséquence même de ce fait, à un fort grand nombre d'exemplaires des mêmes textes. C'est le cas pour le Livre de ce qu'il y a dans l'Hadès *qui, à l'époque de la suprématie thébaine, était un passeport nécessaire à tout dévot d'Ammon, lors de son entrée dans l'autre monde. Les nombreux Papyrus de cette catégorie qui nous font voir les séries de personnages bizarres habitant l'Enfer égyptien, sont disséminés dans tous les Musées, et je n'ai malheureusement pas pu en recueillir toutes les variantes, en particulier celles qui doivent se trouver au Caire, à Londres ou en Italie. Ce n'est donc pas ici un travail complet sur le* Livre de l'Am-Douat, *mais une simple étude destinée à classer bien des idées déjà émises par d'autres sur toute une série de croyances religieuses relatives à la vie future.*

Le premier exemplaire de ce livre que j'ai eu entre les mains est celui du Musée de Berlin, qui m'a été communiqué, lors de mon séjour dans cette ville, par M. le professeur Erman, à qui je tiens à exprimer ici mes remerciements. C'est le texte de ce Papyrus, dont je reproduis ici des photographies, que j'ai pris comme base de mon travail, en y ajoutant toutes les variantes que j'ai pu recueillir soit dans les textes déjà publiés, soit dans ceux — encore inédits — des Musées du Louvre et de Leyde, mis fort aimablement à ma disposition par les conservateurs.

Je tiens encore à témoigner toute ma reconnaissance à M. Maspero, dont les ouvrages sur la religion égyptienne ont servi de base à cette étude, et dont les conseils et les précieux enseignements m'ont permis de la terminer.

G. JÉQUIER.

Neuchâtel (Suisse), septembre 1892.

LE LIVRE

DE CE QU'IL Y A DANS L'HADÈS

I

L'HADÈS ÉGYPTIEN

1. — Le Ciel et la déesse Nouït.

A l'origine, les Égyptiens se sont figuré le ciel comme un immense plateau de fer, plat ou voûté, de la même grandeur que la terre et reposant sur les chaînes de montagnes qui la limitaient de tous côtés; suivant d'autres, ces montagnes sont remplacées simplement par quatre piliers fourchus, divinisés plus tard, sous les noms des quatre enfants d'Horus, les dieux des points cardinaux ; ces piliers, qui auraient pu céder sous le poids ou être renversés par une forte tempête, ont été le sujet de bien des formules d'invocation de la part des Égyptiens qui craignaient que le lourd plafond ne s'affaissât sur eux. L'image de ce ciel de fer a été employée jusqu'à la fin des temps hiéroglyphiques, avec le signe 𓇯[1].

A côté de cette croyance, il y en a eu une autre, beaucoup moins matérielle et qui a eu plus de crédit. Ici, les dieux élémentaires sont en jeu (ces dieux qui, sans avoir de sanctuaire nulle part, ont toujours été vénérés par toute l'Égypte),

1. Voir sur ce mythe du ciel : Brugsch, *Religion und Mythologie*, 201-204, 221-224, et Maspero, dans la *Revue des Religions*, XV, 270, XVIII, 266.

et c'est l'un d'eux, la déesse *Nouît,* qui prend la place du lourd ciel de fer. Épouse de *Seb,* le dieu Terre, elle était de toute éternité unie à lui dans le Chaos primordial. A l'origine des temps, elle en fut violemment séparée et soulevée par le dieu *Schou,* la colonne d'air, dont l'effort constitue ainsi, suivant la doctrine héliopolitaine, la formation du monde visible et de ses trois parties, le ciel, l'air et la terre[1]. Seuls, les pieds et les mains de la déesse touchent encore le sol, les pieds à l'Orient, les mains à l'Occident, formant la limite du monde; pour empêcher qu'elle ne s'affaisse de nouveau, Schou reste au-dessous d'elle et la soutient de ses deux bras[2].

Cependant, l'union de Nouît avec Seb a été fructueuse, et, à peine séparée de lui, elle met au monde le soleil qui commence sa course journalière le long du corps de sa mère et vient, au soir, la terminer entre ses bras. Quelques-uns voulaient que chaque nuit, elle se rabattît sur la terre pour se faire féconder de nouveau; pour les autres, une fois avait suffi, et chaque matin, soit le même soleil, soit un nouveau uni à l'âme de celui qui était mort la veille, était prêt à renaître.

De même que du ciel de fer pendaient d'innombrables lampes qui s'allumaient chaque nuit, le corps de Nouît était parsemé d'étoiles, et nous la voyons ainsi, peinte dans l'intérieur du couvercle de quelques cercueils sous la forme d'une femme noire, constellée d'astres, étendue tout de son long au-dessus de la momie. Quant à la lune, le deuxième œil d'Horus, elle suivait le même cours que le soleil, et dans les mêmes représentations, nous la voyons se lever, tandis que celui-ci est déjà arrivé vers la tête de la déesse et va disparaître.

Dans certains tableaux de basse époque, nous voyons ap-

1. Voir Maspero, dans la *Revue des Religions*, XV, 276, et XVIII, 274-278. Brugsch, *Religion und Mythologie*, p. 200, 205, 209-221, 609-610.

2. Représentations dans Lanzone, *Le domicile des Esprits*, p. 1. et d'autres dans Lanzone, *Dizionario di Mitologia egizia*, pl. CLV-CLXIII (texte p. 392-418). Ici ce sont les bras de Shou, et non les bras et les jambes de Nouît, qui correspondent aux quatre piliers du ciel dans le mythe primitif; on peut le voir dans une des planches données par M. Lanzone (*Dizionario di Mitologia*, pl. CLVI).

paraître deux déesses courbées l'une sur l'autre, toujours dans la même position, au-dessus d'un troisième personnage dont le corps est renversé en cercle. Selon M. Brugsch, ces deux Nouït représentent l'une le ciel que traverse le soleil, l'autre le ciel que traverse la lune, tandis que le dieu au-dessous d'elles serait le Douat[1].

Souvent aussi, nous voyons la déesse transformée en une vache immense dont les quatre pieds reposent à terre, soutenus par les enfants d'Horus, tandis que son ventre soulevé par Schou, forme le ciel sur lequel le soleil accomplit sa course[2]. Parfois elle s'appelle *Hathor*, mais son nom le plus souvent employé est *Mehit-Oërit*.

2. — Le Douat.

En dehors du ciel, en dehors de notre terre, il y avait encore un autre monde, immense, où séjournaient les morts et leurs dieux : c'était le , qu'on a appelé longtemps l'*hémisphère inférieur*, croyant qu'il était situé au-dessous du nôtre[3]; de fait, il se trouvait sur le même plan, mais au delà des pays que les Égyptiens connaissaient, du côté du Nord, et était séparé d'eux par les hautes montagnes qui soutenaient le ciel[4].

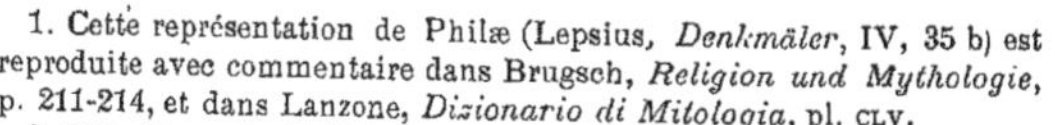

1. Cette représentation de Philæ (Lepsius, *Denkmäler*, IV, 35 b) est reproduite avec commentaire dans Brugsch, *Religion und Mythologie*, p. 211-214, et dans Lanzone, *Dizionario di Mitologia*, pl. CLV.

2. Voir Brugsch, *Religion und Mythologie*, p. 206-209, 469-470, et la représentation si connue du tombeau de Séti Ier (Lefébure, *Hypogées royaux*, I, IVe partie, pl. XVII, et Naville, *La Destruction des hommes*.

3. M. Lanzone (*Domicile des Esprits*, p. 1) émet une autre opinion encore : il place le Douat dans l'intervalle contenu entre les bras de Shou et le corps de Nouït.

4. Maspero, dans la *Revue des Religions*, XVII, 272, XVIII, 266. Voir aussi Brugsch, *Religion und Mythologie*, p. 227-231.

Le Douat était comme une large vallée, entourée de montagnes, au milieu de laquelle coulait, comme en Égypte, un grand fleuve ; sur ses deux rives s'agitaient toute une multitude de monstres, de génies, de mânes. Commençant à l'Ouest, au mont de *Manou*, la vallée remontait vers le Nord, et, faisant un grand circuit, revenait à l'Est, aux confins du monde habitable, aboutissant ainsi à un autre pilier du ciel, le mont de *Bakhou*, la montagne de la naissance, auprès de laquelle le soleil se levait[1].

Chaque centre religieux de l'Égypte se figurait le Douat d'une façon un peu différente et le peuplait de ses mânes groupés autour de son dieu des morts ; mais, pour tous, c'était une contrée pleine de ténèbres dont les différentes parties ne recevaient la lumière que quand le soleil les traversait l'une après l'autre, pendant la nuit. A l'origine même, tous ces différents enfers semblent bien n'avoir rien eu à faire avec le soleil qui ne les traversait pas. Cela paraît surtout évident quand on considère l'enfer de Sokaris[2], celui qui, plus que les autres, a gardé son cachet antique. Amon-Ra n'y est pas traité en suzerain, mais en intrus ; point de cortège devant lui, point d'acclamations sur son passage : il doit se dissimuler pendant sa course dans d'étroits couloirs, sans voir aucun des habitants de cette contrée[3]. Seuls, les Thébains qui, à l'époque où ils acquirent la suprématie, n'avaient probablement pas sur l'Hadès des traditions aussi développées que celles des grandes métropoles religieuses de l'Égypte, ont voulu réunir tous ces enfers en un seul, faisant

1. Sur ces deux montagnes, voir Brugsch, *Ueber den Ost- und Westpunkt des Sonnenlaufes*, dans *Zeitschrift*, 1864, p. 73-76, et Brugsch, *Die altägyptische Völkertafel*, dans les *Verhandlungen des 5e Orientalisten Congresses*, Afrik. Section, p. 62-63. Sur [hiéroglyphes], voir Brugsch, *Dict. Géogr.*, p. 199-200 ; sur [hiéroglyphes], voir Brugsch, *Dict. Géogr.*, p. 259-260. Au *Livre des Morts* se trouvent aussi des représentations de ces deux points de la course solaire : pour Bakhou, le chap. CVIII (*Todtenbuch*, éd. Naville, pl. CXIX), et pour Manou, le chap. CLXXXVI (id., pl. CCXII).

2. La IVe et la Ve heure du *Livre de ce qui est dans l'Hadès*.

3. Maspero, *Les Hypogées royaux*, p. 104-106.

graviter tous les dieux des morts autour de leur Amon-Ra et les classant géographiquement. C'est à cette tentative de centralisation religieuse que nous devons le *Livre de ce qu'il y a dans l'Hadès.*

Comme les autres parties du monde, le Douat a été personnifié, mais nous n'avons de ce dieu que fort peu de représentations. Une d'entre elles se trouve sculptée sur le sarcophage de Séti Ier dans le du grand tableau inséré à la fin *Livre des Portes*[1], et nous le montre comme un être formant un cercle avec son corps, de manière que ses pieds viennent toucher sa tête par derrière; de ses deux mains il soutient la déesse Nouït, debout sur sa tête, recevant le disque solaire.

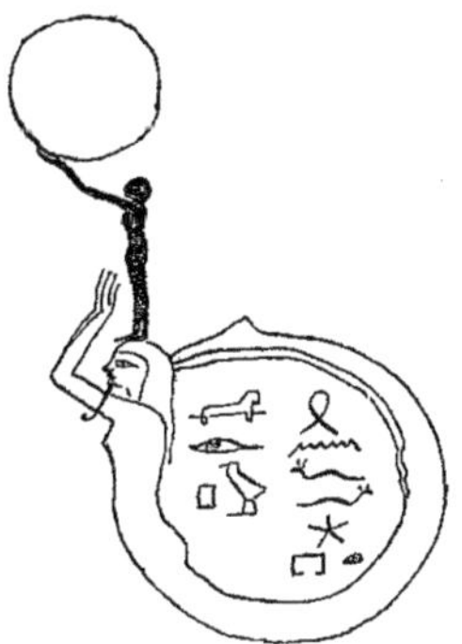

Une vignette d'un papyrus du Louvre[2] nous montre, à côté de Nouït soulevée par Schou au-dessus de Seb, un personnage dont le buste seul sort de terre près des mains de la déesse, et qui lève les bras pour saisir la barque solaire du soir. D'après la légende, c'est bien au Douat que nous avons affaire ici; c'est à lui sans doute que se rapporte cette vignette du chapitre CLXXXVI du *Livre des Morts,* où nous voyons sortir de la montagne d'Occident un buste de femme, sans tête, dont les deux bras s'emparent du disque solaire[3].

1. Sharpe et Bonomi, *Sarcophagus of Oimenephtah*, pl. XV.

2. Reproduite dans Lanzone, *Dizionario di Mitologia*, pl. CLV, 1 (v. p. 401-402). Je n'ai pu la retrouver dans aucun des papyrus existant au Louvre.

3. Le fragment de vignette reproduit ici appartient au pap. L. a. Il est emprunté à l'édition du *Livre des Morts* de M. Naville, pl. CCXII.

Enfin, dans plusieurs figures d'époque récente de la déesse Nouît, nous voyons au-dessous d'elle, non pas Schou ni Seb, mais un personnage retourné sur lui-même, à peu près dans la même position que celui du sarcophage de Séti Ier et les bras étendus le long du sol. M. Brugsch[1] veut y voir aussi des représentations du Douat.

Le Douat porte encore un autre nom tout aussi connu, celui d'*Amenti*[2], qui en était évidemment distinct à l'origine et désignait l'Hadès d'un des nomes de l'Égypte, probablement celui d'Abydos, d'où le dieu des morts *Khont-Amentit* aurait tiré son nom. Mais, fort anciennement déjà, nous trouvons ce nom répandu par toute l'Égypte. Formé de la racine [hiéroglyphes], *cacher*, parent de l' [hiéroglyphes], *Occident*, ce mot devait nécessairement jouir d'une grande faveur auprès des Égyptiens. L'Amenti est personnifié par une déesse qui (sans jouer un aussi grand rôle dans la mythologie figurée que celle qui lui correspond pour le ciel, Nouît) est représentée aussi sur bien des couvercles de sarcophages ou de caisses de momies.

3. — La course du Soleil.

De tout temps, le soleil a été pour les Égyptiens le dieu suprême, et c'est à lui que se rapportent la plupart de leurs mythes; qu'il soit Horus, Ra, Toum ou Osiris, tous les autres dieux gravitent autour de lui, s'ils n'en sont pas de simples formes. De bonne heure, on a cherché à se rendre compte des mouvements de cet astre merveilleux, à s'expliquer pourquoi il disparaissait chaque soir pour reparaître au matin de l'autre côté de l'horizon, et à deviner ce qu'il faisait pendant la nuit.

Tout d'abord, comme le soleil apparaissait chaque matin entre ciel et terre, on le fit naître de la déesse Nouît dès qu'elle eût été séparée de son époux Seb; le dieu sort donc d'entre ses jambes, passe tout le long du corps de sa mère et vient, le soir, expirer entre ses bras et disparaître. Suivant ceux pour lesquels le ciel n'était qu'un grand plateau soutenu

1. *Religion und Mythologie*, p. 214. Ces représentations dans Lanzone, *Dizionario di Mitologia*, pl. CLV 2, CLIX, CLX.
2. Voir Brugsch, *Religion und Mythologie*, p. 229.

par des piliers, il paraît derrière le mont de *Bakhou*, la limite orientale de la terre habitable, pour se cacher douze heures plus tard derrière le mont de *Manou*, le support occidental du ciel[1].

Puis, observant que le soleil décrivait sur l'horizon une courbe plus ou moins grande suivant les saisons, on voulut reconnaître dans le ciel ce qu'on était habitué à voir sur terre, un grand fleuve soumis à des crues périodiques. Sur ce fleuve naviguait le dieu, monté sur une barque. Ce cours d'eau céleste et invisible, c'est le *Nou* ou , un dieu Ciel, dédoublement postérieur de Nouït, dont les théologiens firent le père de tous les dieux[2].

Pendant la durée de la nuit, on fit traverser au soleil ce pays correspondant au nôtre, mais en dehors de ses limites, le Douat. Là, il naviguait du soir au matin sur le même fleuve, le Nou, parcourait tous les pays des morts et se trouvait, à la douzième heure de la nuit, arrivé au point où il renaissait. Cette doctrine n'est, sans doute, pas la plus ancienne, mais c'est la seule qui nous soit parvenue, grâce au grand ouvrage des théologiens thébains sur l'Hadès. Ceux-ci, en le composant, sentirent la difficulté de faire coïncider cette sortie du Douat, au matin, avec la doctrine de l'accouchement de Nouït qu'ils professaient. Il me paraît qu'ils ont composé leur douzième heure, qui ne se trouvait dans aucun des ouvrages antérieurs compulsés par eux, pour coordonner ces deux idées, en faisant de cette dernière partie des enfers le ventre même de la déesse, d'où Ra sort avec l'aide des dieux hermopolitains *Nou* et *Nouït*, *Hehou* et *Hehouït*, et surtout grâce aux deux bras de *Schou* qui l'entraînent au dehors[3].

1. Voir plus haut, p. 4, pour les monts de Bakhou et Manou.

2. Voir Maspero, *Sur l'ennéade*, p. 17-18 (Extrait de la *Revue des Religions*, 1892).

3. Cette idée est confirmée encore par une phrase du *Livre des Morts*, que M. Naville a bien voulu me communiquer ; dans cette phrase (chap. CXXIV, l. 13-14, *Todtenbuch*, éd. Naville, pl. CXXXII) se trouvent ces mots : . Or est la dénomination de la XIIe heure dans le *Livre de l'Hadès*, et *Mehit-Oërit* n'est, comme on le sait, qu'une forme

Les uns voulaient faire renaître le soleil avec la même âme et le même corps, mais, dans le texte que nous étudions, il s'agit bien d'un corps nouveau, animé par l'âme éternelle du soleil, le scarabée. Pendant ce temps, le corps mort, la momie, arrivé à la limite de l'Hadès, est jeté dans un coin et abandonné.

Un curieux tableau du sarcophage de Séti Ier [1], reproduit sur un petit papyrus inédit de la Bibliothèque Nationale, me paraît représenter non seulement la naissance du soleil, mais bien son lever et son coucher. C'est au milieu des eaux du Nou que se tient le dieu *Schou*[2], sous la même forme qu'à l'extrémité de la douzième heure de la nuit : « *ses deux bras sortent pour soulever ce dieu* », c'est-à-dire le soleil dans sa barque avec tout son équipage. Ici c'est tout d'abord le soleil levant, sous la forme d'un scarabée qui finit par se changer en disque pour se coucher dans les bras de Nouït : « *ce dieu se couche dans la barque Madit, ainsi que les dieux qui sont avec lui*[3] ; » « *Nouït qui prend Râ* » est debout sur un Osiris

de Nouït, la déesse Ciel. M. Naville rapporte aussi à une même étape de la course solaire cette phrase de la Pyramide d'Ounas (l. 427), traduite par M. Maspero : « Ounas juge comme la vache Mihit-Oirit entre les deux combattants, » et par M. Brugsch (*Ægyptologie*, p. 69 : « W. ist Schiedsrichter bei der vollen Fluth zwischen den streitenden Parteien. »

1. Sharpe et Bonomi, *Sarcophagus of Oimenephtah*, pl. xv ; voir aussi Maspero, *Les Hypogées royaux*, p. 123, et Brugsch, *Religion und Mythologie*, p. 210-221, où la planche est reproduite.

2. L'hiéroglyphe , qui se trouve, pour ne pas nuire à la symétrie de cette partie du tableau, au-dessus de la tête de ce personnage, se rapporte, non pas à lui, comme on l'a dit en général, mais aux eaux au milieu desquelles il se trouve. Il est difficile de voir dans cette divinité autre chose que Shou tel qu'il est à l'extrémité des tableaux de l'Am-Douat.

3. Le mot , se rapportant au cours du soleil, indique toujours son coucher ; il est en général mis en parallèle avec , *se lever* (voir des exemples dans Brugsch, *Dict.*, p. 1327, au mot . Quoique la barque *Madit* soit en général la barque du matin, et *Sekhit* celle du soir, leurs rôles sont bien souvent intervertis.

replié sur lui-même, qui représente le Douat. L'artiste a évité la difficulté de nous montrer dans la même image le soleil naissant entre les jambes et mourant dans les bras de la déesse, en supprimant la première partie de l'œuvre de Nouït et ne la faisant apparaître qu'au moment où elle va transporter le dieu mort dans l'autre monde, dans le domaine d'Osiris.

Les prêtres thébains ont-ils, les premiers, fait passer le soleil au travers du Douat, ou bien cette doctrine existait-elle avant eux ? Dans tous les cas, le Douat, comme nous l'avons vu, semble bien avoir été réservé exclusivement, à l'origine, aux dieux des morts et aux mânes ; le soleil, mourant comme un homme, devait nécessairement y arriver aussi et y trouver sa place comme sujet d'Osiris ou de tel autre dieu. Quant à la doctrine qui lui fait traverser tout cet Hadès en suzerain, elle doit avoir sa source dans l'école théologique de Thèbes qui ne pouvait admettre que son dieu suprême Amon-Ra devînt le vassal d'un autre dieu ; il devait primer tous les autres, de même que leurs princes avaient subjugué tous les monarques de l'Égypte.

4. — Les Dieux des Morts.

Parmi les divinités égyptiennes, il en est toute une série, qui, si elles n'ont pas joué le premier rôle dans la religion, nous ont au moins transmis beaucoup plus de monuments que les autres. Je veux parler des dieux des morts, et en premier lieu d'Osiris, le plus connu des dieux de l'Égypte.

Introduit par les théologiens d'Héliopolis dans leur ennéade, ce dieu était aussi vieux que l'Égypte, et il n'y avait pas moins de quatorze nomes se disputant l'honneur de posséder son tombeau ; mais sa vraie patrie, c'est le Delta, c'est Busiris et Mendès. Fils de Seb et de Nouït, la terre et le ciel, Osiris, quoique de nature divine, est le premier homme et par conséquent le premier mortel. En sa qualité de dieu, il ne peut mourir que par la main d'un dieu, et après un règne bienfaisant, il succombe, assassiné par son frère Set. Après sa mort, son âme va se fixer au ciel, dans les astres, et devient la constellation d'*Orion*[1], tandis que son corps vit

1. Voir Plutarque, *De Iside et Osiride*, ch. XXI, et Maspero, *Les Hypogées royaux*, p. 12-16.

éternellement dans l'Hadès où il a fondé un royaume; autour de lui se groupent ses anciens sujets morts après lui, tandis que sur terre, c'est son fils Horus qui lui a succédé et qui règne sur les vivants. Pour rendre Osiris immortel, Horus en a fait la première momie et a le premier institué les cérémonies des funérailles: cet exemple est une garantie de vie éternelle pour tous les hommes qui à l'avenir se feront embaumer et ensevelir suivant les mêmes rites. — Tel est en peu de mots le résumé du mythe d'Osiris, l'être bon par excellence, qui à l'origine n'était autre qu'une personnification du Nil fertilisateur succombant à l'envahissement du désert, du mal, puis renaissant pour le repousser[1].

Un dieu dont le rôle funéraire s'est complètement perdu, est *Seb*, qui a fini par ne plus représenter que la terre, tandis qu'auparavant il était le souverain de tous les hommes, morts comme vivants[2]. Dans ce rôle, il était associé à *Nouït*, qui resta une des déesses protectrices des morts longtemps encore après que lui se fût effacé devant Osiris. Jusqu'aux basses époques, nous la trouvons représentée dans un sycomore, offrant au mort l'eau fraiche et les aliments dont il a besoin[3].

Chaque localité importante avait primitivement son dieu des morts, comme *Sokaris* à Memphis, *Khont-Amenti* à Abydos, *Miritskro* à Thèbes, et quelques autres à peine connus; mais, déjà très anciennement, toutes ces divinités se sont confondues avec le dieu des morts le plus populaire de l'Égypte, et nous ne les connaissons plus guère que sous les noms composés de *Phtah-Sokar-Osiris*, *Osiris-Khont-Amentit*, etc. Malgré cette assimilation, ils ont gardé longtemps certaines particularités de leurs mythes locaux, et c'est ainsi que nous trouvons dans le *Livre de l'Am-Douat* deux cantons

1. Voir sur Osiris: Maspero, *Sur l'Ennéade*, p. 17-25; cfr. Lefébure, *Le Mythe osirien*; Wiedemann, *Religion der alten Ægypter*, p. 109-139; Brugsch, *Religion und Mythologie*, p. 611-638; von Strass und Torney, *Der Ægyptische Götterglaube*, I, p. 76-173.

2. Plusieurs textes des Pyramides renferment des formules relatives à Seb, dieu des morts: voir entre autres les lignes 200-216 de la Pyramide de Mirinrî (*Recueil de Travaux*, X, p. 6-9).

3. Sur Seb et Nouït, dieux des morts, voir Maspero dans la *Revue des Religions*, XIX, 2-5.

de l'Hadès appartenant à Sokaris et entièrement différents des autres[1].

Parlant des dieux des morts, il est difficile de passer sous silence *Anubis* dont le nom et l'image paraissent si fréquemment sur les stèles et dans les représentations des cérémonies funéraires ; peut-être a-t-il été à l'origine le dieu principal des morts du nome Lycopolite, mais il s'est de très bonne heure fondu dans le mythe osirien pour devenir le grand enseve-lisseur, l'aide d'Horus rendant les derniers devoirs à son père, le personnage indispensable sans lequel aucune des cérémonies de l'embaumement et de l'enterrement ne serait efficace. En outre, il est aussi le dieu chacal, celui qui connaît les chemins de l'Amenti et amène les mânes devant le tribunal d'Osiris. C'est dans ces rôles subalternes, seulement, qu'Anubis est parvenu jusqu'à nous[2].

5. — Condition des Hommes après la mort.

Les Égyptiens ont eu tant de doctrines diverses sur l'état réservé aux âmes des morts et ont confondu toutes ces données d'une telle manière qu'il est parfois difficile maintenant de s'en faire une idée précise. Ici je me bornerai à en donner un aperçu, renvoyant pour les détails au beau travail publié il y a quelques années par M. Maspero sur le *Livre des Morts*[3].

La plus ancienne, très probablement, de toutes ces doctrines, est celle qui fait vivre le mort dans sa tombe, sous la forme du double, du *ka*, auquel les vivants viennent apporter des vivres, comme à un des leurs[4]. Quoique immatériel, ce double d'un homme doit se nourrir du double des aliments qu'on lui offre. — Nous voyons aussi l'âme elle-même, sous la forme d'un oiseau, occuper le tombeau, tout en planant

1. Voir plus bas les IVe et Ve heures.

2. De nombreuses allusions au rôle funéraire d'Anubis se trouvent dans le *Rituel de l'embaumement*, étudié par M. Maspero, dans son *Mémoire sur quelques Papyrus du Louvre*, p. 14-72, et surtout p. 77-79.

3. *Revue des Religions*, XV, p. 265-315.

4. Voir les nombreuses stèles d'offrandes de nos musées et les chapitres CV et CVI du *Livre des Morts* (éd. Naville, pl. CXVII-CXVIII).

au-dessus de la momie[1], puis s'échapper et aller voler, libre, en plein jour[2].

Très anciennes sont aussi les croyances aux dieux des morts des différents centres religieux de l'Égypte. Tous ces dieux voulaient grouper autour d'eux les âmes des morts dont les corps étaient déjà réunis dans leurs nécropoles. Mais, pour que l'âme puisse pénétrer dans ce domaine nocturne qu'on appelait le Douat, dans ce pays immense, extraordinaire et rempli de ténèbres, il fallait qu'elle fût munie d'un guide bien rédigé qui lui donnât non seulement les mots de passe[3] pour traverser les défilés bien gardés, se faire ouvrir les portes et monter sur le bac pour atteindre les îles de l'Amenti, mais encore nombre de formules magiques pour repousser les monstres qui voudraient s'opposer à son passage et l'anéantir[4]. Tous les livres que nous possédons sur l'Hadès n'étaient en somme que de ces guides que le mort emportait au delà de la tombe : tout d'abord c'est le *Livre des Morts* qui ne nous donne guère, à côté de quelques invocations, que des séries de formules, tandis que d'autres ouvrages, comme le *Livre de ce qu'il y a dans l'Hadès* et le *Livre des Portes*, plus modernes et plus systématiquement conçus, nous donnent une description complète de ces lieux inconnus.

Le principal dieu des morts, celui avec lequel tous les autres finirent, plus ou moins, par se confondre, Osiris, est aussi celui sur le culte duquel nous avons le plus de documents. Son domaine propre correspondait dans l'autre monde à ce qu'il était sur terre, aux marais du Delta : c'est là qu'étaient situés les pays d'*Ialou*, et d'*Hotep*, les Champs-Élysées, où les mânes vivaient paisiblement au milieu d'un pays fertile et bien arrosé. Pour arriver à ce lieu de délices, il ne suffisait pas d'avoir surmonté, grâce à de nombreuses formules prononcées d'une voix juste ( ), tous les obstacles

1. *Livre des Morts*, ch. LXXXIX (éd. Naville, pl. CI).

2. *Livre des Morts*, ch. XCI-XCII (éd. Naville, pl. CIII, CIV).

3. Cette croyance se retrouve encore à une époque très postérieure ; voir *Pistis Sophia*, p. 294, où l'âme, pour traverser les différentes stations de l'enfer, doit prononcer les noms mystiques des éons qui les gardent.

4. *Livre des Morts*, ch. LI-LIII (éd. Naville, pl. XLIV-LXV) ; voir aussi les nombreuses formules de la *Stèle Metternich*.

et traversé sans encombre les pays qui le précèdent : une fois sur la frontière, l'âme doit pénétrer dans la salle de justice où trône Osiris lui-même, et là, en présence de lui et des dieux de son cycle, elle subit son jugement. En récitant la longue confession contenue au chapitre CXXV du *Livre des Morts*, elle prouve qu'elle est pure et peut enfin aller jouir de son repos. Cette doctrine osirienne remplit près de trente chapitres du *Livre des Morts*[1]; le livre de l'*Am-Douat* lui consacre quatre de ses divisions[2] qui ne renferment pas le jugement d'Osiris, et où les champs de délices ne sont pas même nommés. Un autre livre qui retrace aussi la course du soleil au travers de l'Hadès et qui est également divisé en douze heures, le *Livre des Portes*[3], est entièrement consacré aux domaines osiriens, et nous y voyons apparaître, au centre, la salle de justice, et plus loin, les Champs-Élysées. Ce livre, qui n'a jamais été très populaire et semble n'être jamais sorti des tombeaux royaux, est une tentative de conciliation du culte solaire avec le culte d'Osiris faite par les prêtres thébains.

Dans d'autres villes se retrouvent d'autres doctrines plus ou moins semblables. D'abord Abydos avec Khont-Amenti (auquel le *Livre des Morts*[4] consacre plusieurs chapitres et le *Livre de l'Am-Douat* deux sections[5], et dont le mythe ressemble beaucoup au précédent), puis Memphis avec Sokaris[6], et d'autres villes avec des cultes de moins en moins connus.

Enfin nous arrivons aux doctrines héliopolitaines, fort anciennes aussi, celles que les Thébains ont fini par s'approprier, ainsi que tant d'autres choses, au profit de leur dieu Amon.

1. Ch. XCIX-CXXV (éd. Naville, pl. CX-CXXXIX).
2. Les heures VI à IX.
3. Voir les textes de ce livre dans Sharpe and Bonomi, *The alabaster Sarcophagus of Oimenephtah I King of Egypt* (London, 1864). Variantes dans les hypogées de *Séti I, Ramsès III, Ta-Ousert, Ramsès IV, Ramsès VI, Ramsès VII, Menephtah I.* Une traduction de M. Lefébure se trouve dans les *Records of the Past*, X, 79-134, XII, 1-35 ; voir aussi Maspero, *Les Hypogées royaux*, p. 113-123.
4. Ch. CXXVI-CLI (éd. Naville, pl. CXL-CLXXV); voir Maspero, dans la *Revue des Religions*, XV, 308-310.
5. Les heures II et III.
6. *Livre de ce qu'il y a dans l'Hadès*, heures IV et V.

Ici, l'âme du juste ne s'établit plus à perpétuité dans l'Amenti, elle ne fait que le traverser; le soir, quand le soleil disparaît de l'autre côté de l'horizon, elle monte avec lui sur sa barque, s'assimilant au dieu, grâce à des formules magiques, et peut ainsi braver sans crainte les ténèbres et les dangers de l'autre monde; puis, le matin, quand le soleil renaît, elle apparaît aussi sur terre et passe sa journée où elle veut, à errer dans ses anciennes propriétés, à se reposer sous la fraîcheur de ses ombrages; le soir, il fallait se remettre sous la protection du soleil et reprendre avec lui sa course nocturne. Telle est la doctrine héliopolitaine sur la vie après la mort, que nous font connaître un grand nombre de chapitres du *Livre des Morts*[1] et plusieurs stèles funéraires[2].

De nombreuses tentatives ont été faites pour réunir en une seule toutes ces doctrines si diverses et faire pour l'Égypte entière un seul enfer. Les prêtres thébains s'en sont occupés, car cela rentrait dans leur programme d'unification, et ils ont composé avec toutes ces données leur *Livre de ce qu'il y a dans l'Hadès*, le : tous les enfers des principaux dieux des morts sont là à la suite les uns des autres, séparés seulement par des portes; la barque solaire joue le rôle de bac et amène à chaque dieu ses fidèles morts, en passant tour à tour dans les douze principautés[3], tandis que les dévots d'Amon-Ra ne le quittaient pas, traversaient tout l'Hadès sans s'y arrêter, et reparaissaient au matin sur la terre, suivant la doctrine héliopolitaine. On le voit, jus-

1. Tout d'abord les chapitres qui ont rapport à la sortie pendant le jour, le : les ch. I-XV (éd. Naville, pl. I-XV), XVIII (éd. Naville, pl. XXIII-XXX; de Rougé, *Études sur le Rituel funéraire*, p. 36-83; Lepsius, *Ælteste Texte des Todtenbuchs*, p. 25-53); le ch. LXV, et les suivants (éd. Naville, pl. LXXV-LXXXVI. Pour monter dans la barque solaire, voir les ch. C-CII (éd. Naville, pl. CXIII-CXXI), et pour les transformations de l'âme sur terre, les ch. LXXVI-LXXVIII (éd. Naville, pl. LXXXVIII-C); sur ce sujet, voir aussi Legrain, *Le Livre des Transformations, papyrus démotique du Louvre* (Paris, 1889).

2. Voir entre autres les stèles du Louvre, C. 3 et C. 55, publiées par M. Pierret (*Études égyptologiques*, VIII, p. 90 et 104).

3. Dans la *Pistis Sophia*, nous retrouvons des traces de cette division de l'Hadès, avec les différentes stations des enfers, auxquelles président des éons (éd. Schwarze, p. 200 et 320).

qu'après la mort, les Thébains voulaient se distinguer des autres Égyptiens et garder la prépondérance et les privilèges qu'ils avaient sur terre.

Nous venons de voir encore un autre essai de combinaison des différents mythes dans le *Livre des Portes* où nous ne retrouvons plus les enfers de plusieurs dieux différents, mais seulement celui d'Osiris, beaucoup plus développé. Ce livre est conçu à peu près sur le même plan que le précédent : le soleil mort traverse aussi d'un bout à l'autre cet Hadès, dont les douze nomes sont séparés les uns des autres par des pylones monumentaux, défendus par une formidable garnison de serpents.

Sous quelque forme qu'elle se présente, cette vie à venir avec ses privilèges et ses félicités était réservée aux âmes pures, à celles qui étaient munies de tous les talismans nécessaires. Les autres, beaucoup plus nombreuses, périssaient misérablement, exterminées et dévorées par les démons de l'enfer. Aussi la mort était-elle pour les Égyptiens un objet de terreur et le souci de leur vie[1]. Ces croyances se prolongèrent longtemps encore, jusque dans l'Égypte chrétienne[2].

1. Revillout, *Les Affres de la mort* dans la *Revue égyptologique*, I, 139, II, 18-64.

2. Serpents tourmentant les morts. Amélineau, *Études sur le Christianisme au VIIe siècle*, p. 148-149. *Pistis Sophia*, p. 256, 259, 320, etc.

II

LE LIVRE DE CE QU'IL Y A DANS L'HADÈS

1. — Les Origines du Texte.

C'est à partir de la XVIIIe dynastie, sur les murailles des hypogées des rois, que nous voyons apparaître le *Livre de ce qu'il y a dans l'Hadès*[1], ce livre qui, dans les dynasties suivantes, sera recopié dans la plupart des tombes royales, et passera même à l'usage des simples particuliers, spécialement des prêtres et prêtresses d'Ammon, qui le feront écrire sur papyrus ou sculpter sur leurs sarcophages.

Comme tous les textes religieux de l'Égypte, celui-ci remonte probablement à une haute antiquité, mais nousn'avons d'autres preuves de ce fait que la tradition d'après laquelle ces tableaux auraient été exécutés pour la première fois par Horus, pour décorer les murailles du tombeau de son père, la « maison cachée de l'Amenti ». Çà et là, dans les textes des Pyramides, on trouverait des formules ayant rapport à la course du soleil dans l'Hadès, mais ce n'est qu'à l'époque thébaine qu'apparaît notre livre, créé tout d'une pièce, et qu'il acquiert une si grande vénération. Il faut y voir la main des prêtres d'Amon, qui — de même que les rois thébains avaient réuni l'Égypte entière sous leur sceptre et régnaient sans contestation — voulaient que leur dieu devînt le suzerain de tous les autres dieux des deux Égyptes. Il s'agissait d'abord de l'imposer comme dieu suprême des morts, en unifiant les idées diverses qui avaient cours dans tout le pays sur la vie future, ces idées qui ont toujours eu pour les Égyptiens une si grande importance : il fallait pour cela réunir les doctrines funéraires des principaux centres religieux, les coordonner,

1. La troisième heure de ce livre publiée d'après le tombeau d'*Amenophis III*, dans Lepsius, *Denkmäler*, III, 135.

les classer d'une manière normale, tout en faisant du Douat un grand pays vassal d'Amon-Ra, le roi des dieux. Rien n'était préférable pour cela à une classification géographique en reportant dans les enfers le double des pays qui se trouvaient sur la terre, et en suivant le cours nocturne du soleil de l'Ouest au Nord, puis du Nord à l'Est. Il disparaissait dans la fente de montagne à l'occident d'Abydos. Aussi, il était naturel que les premières contrées qu'il traverserait fussent sous la dépendance de Khont-Amenti, le dieu des morts de cette ville. Plus au Nord, nous trouvons le territoire memphite de Sokaris, puis les nomes de l'Osiris du Delta, et, en remontant vers le Sud-Est, ceux du dieu des morts d'Héliopolis.

Toutes ces données anciennes sur les enfers des différents nomes, les prêtres thébains les soudèrent ensemble, et, se figurant ces contrées sous un même plan, les faisant traverser par le même fleuve sur les bords duquel vit toute une population de génies, à peu près la même pour chaque ville, ils finirent par élaborer un tout presque homogène. Puis ils ajoutèrent encore, comme exorde et comme conclusion, deux domaines calqués sur le modèle des autres, mais dont la population, moins importante, se ressent un peu de cette composition récente et forcée. De cette manière, ils obtinrent l'image d'un Hadès complet que leur dieu pouvait traverser en suzerain et où il préparait, chaque nuit, sa résurrection. C'est comme un immense temple, très long, divisé en un certain nombre de chambres qui se suivent et ne sont séparées que par des portes, temple qui aurait à chaque extrémité une cour extérieure, un pylone faisant encore partie du temple lui-même, tout en étant déjà intimement lié au monde extérieur.

La tradition voulait que ces différentes images de l'Hadès fussent des copies de celles du tombeau d'Osiris dans l'autre monde; pour donner plus d'autorité au livre nouveau, on précisa encore ces données, et l'on indiqua même les parois du tombeau sur lesquelles les scènes étaient sculptées : les quatre premières heures étaient sur le mur ouest, puis il en venait deux sur le mur sud et deux sur le mur nord, tandis que la muraille orientale était réservée aux quatre dernières.

Comme tous les textes religieux remontant à l'Ancien-

Empire ou plus haut encore, les différentes parties de celui-ci ont dû aussi être écrites à l'origine sans illustrations. Les tableaux datent-ils seulement de l'époque de la compilation thébaine, ou existaient-ils auparavant? C'est une question à laquelle il est difficile de répondre catégoriquement, mais je pencherais plutôt pour la dernière hypothèse, en considérant dans les légendes des figures une quantité de détails qui paraissent fort anciens; en outre, les images si bizarres qui remplissent la terre de Sokaris paraissent plus vieilles que les autres et n'ont certainement pas été inventées par les mêmes personnes.

Peu à peu le besoin se fit sentir, spécialement pour les dévots qui n'avaient pas les moyens de se procurer des exemplaires complets d'un ouvrage si étendu, d'un texte abrégé qui leur rendît les mêmes services. C'est alors qu'on en vint à faire une édition qui, comme l'édition primitive, était sans figures et ne contenait que les principaux renseignements absolument nécessaires pour traverser, sans être exterminé, ces contrées souvent inhospitalières. On ne peut guère admettre que ce texte abrégé ne soit qu'une reproduction du texte primitif, car, dans ce cas, nous n'aurions pas douze parties conçues exactement sur le même modèle, comme cela est, et si habilement condensées qu'elles paraissent bien être l'œuvre du même auteur. Les divers textes primitifs semblent avoir été, au contraire, beaucoup plus développés et avoir contenu, outre les données générales de l'Abrégé, un certain nombre de ces phrases qui sont devenues les légendes des personnages dans l'édition illustrée.

2. — L'Édition illustrée.

A — PLAN GÉNÉRAL

Le cadre des tableaux qui doivent nous retracer la population de l'autre monde est fort simple : c'est un fleuve coulant entre ses deux rives. Les Égyptiens, qui ignoraient la perspective, ont selon leur habitude représenté, comme si elles étaient superposées, ces trois parties qui devraient être sur le même plan ; ainsi nous avons, courant d'un bout à l'autre des douze tableaux, trois registres: au milieu, le fleuve, sur lequel passent la barque divine et son cortège, en haut et en bas les deux rives avec leur population de génies plus ou moins extraordinaires. Chacun de ces personnages a son nom écrit à côté de son image, et comme presque toujours nous trouvons plusieurs de ces génies groupés ensemble, au-dessus de chaque groupe court une légende expliquant la raison de leur présence et leur rôle dans le pays qu'ils occupent : pour la plupart d'entre eux, leur fonction consiste à adresser des acclamations à Ra, lors du passage de sa barque, ou à exterminer ses ennemis.

En outre, quelques lignes d'un texte général précèdent chacune des douze sections ; elles contiennent les noms de la contrée et de la porte par laquelle on y pénètre, celui la déesse de l'heure qui guide le dieu à travers cette région, ainsi que l'énumération des félicités qui attendent le mort bien instruit. Elles remplissent trois ou quatre colonnes d'hiéroglyphes ainsi qu'une ligne horizontale qui court au-dessus du registre supérieur. C'est ce texte que nous retrouverons, à peu près dans les mêmes termes, quelquefois un peu plus développé, dans l'Abrégé.

Examinons maintenant le contenu des différents domaines de la nuit, quitte à y revenir avec plus de détails en étudiant chaque heure séparément. La première heure n'est, comme nous l'avons dit, qu'un propylone de l'Hadès, un corps de garde où le soleil change de forme et d'équipage; ce n'est qu'après ce canton que commencent les enfers proprement dits, avec le territoire d'Osiris Khont-Amenti, la résidence de ses fidèles dans la deuxième heure, la retraite du dieu lui-même dans la troisième. Puis vient le désert de Sokaris, la contrée sablonneuse et obscure, ces deux nomes peuplés de serpents, où se trouve la caverne du dieu de Saqqarah (quatrième et cinquième heures); ensuite, ce sont les quatre régions consacrées à l'Osiris du Delta, avec la demeure des mânes dans la sixième heure, les quatre tombeaux d'Osiris et le terrible Apophis dans la septième; la huitième contient les sépulcres des grands dieux et la neuvième est de nouveau consacrée aux mânes. Enfin, après les deux heures qui correspondent sur terre à l'*Agarit* (la nécropole d'Héliopolis), consacrées, l'une à l'eau, l'autre au feu, vient la cour finale, le ventre de Nouït où Khepra va remplacer Afou et monter sur sa barque pour renaître à l'horizon oriental du ciel.

B — LA BARQUE SOLAIRE

De nuit comme de jour, la route du soleil est le *Nou*, le grand fleuve céleste, aussi Ra est-il le plus souvent représenté debout au milieu d'une barque qui subit aux divers moments de sa course certaines modifications.

Pendant la journée, nous voyons le soleil montant tour à tour deux barques, l'une le matin, la barque [hiéroglyphes], l'autre pendant l'après-midi, qui se distingue de la précédente en ce qu'elle est garnie à sa proue d'un grand tapis à franges, et qui porte le nom de [hiéroglyphes][1]. Du reste les Égyptiens semblent avoir souvent confondu les noms de ces deux barques, car, si en général, comme dans le *Livre de l'Am-Douat* et la plupart des autres textes religieux, Madit est la barque du soleil levant et Sektit celle du soleil couchant, nous trouvons aussi des exemples du contraire[2]; dans ce cas, ce n'est que le nom qui change, mais la forme de la barque reste la même.

A l'entrée des enfers, dans la première heure de la nuit, le soleil, déjà mort, a revêtu sa forme nocturne de dieu à tête de bélier et son nom d'*Afou* ([hiéroglyphes], les chairs), mais sa barque est encore celle du soir, la Sektit, ornée de son grand tapis. Ce n'est que quand les cynocéphales lui ont ouvert les portes de l'Hadès et qu'elle a traversé cette contrée transitoire du crépuscule, que nous la voyons sous sa forme nocturne, toute simple, sans aucun ornement. Au milieu est une petite cabine en bois, très légère, ayant la forme d'un naos au centre duquel se tient Afou, son disque solaire sur la tête et son sceptre à la main. A partir de la septième

1. Voir Lanzone, *Dizionario di Mitologia egizia*, p. 283 et 1116, et pl. CXI.

2. Voir Brugsch, *Dict.*, p. 601-602, au mot [hiéroglyphes], et p. 1327, au mot [hiéroglyphes].

heure, le naos disparaît : il est remplacé par le serpent *Mehen* qui abrite le dieu sous ses replis et le protège dans sa transformation. Un autre changement dans la barque est celui qui se produit dans la quatrième et la cinquième heure, où, pour pouvoir avancer sur les sables de ce désert, elle devient, tout en gardant sa forme générale, un serpent à deux têtes.

Autour du dieu, toute une série de génies remplissent la barque. Devant la cabine, c'est la *patronne de la barque*, , dont la fonction, parmi tous ces pilotes, est celle qui est indiquée pour les douze déesses qui se trouvent réunies dans la première heure et qui reparaissent chacune à son tour dans les principautés infernales : c'est l'« *heure de la nuit qui guide ce dieu grand dans cette contrée* ». Devant elle, une forme d'Anubis , secondé par [1], le dieu savant, observe le terrain, les détours du fleuve, les bancs de sable. A la poupe se tiennent d'autres génies , le crieur qui transmet au timonier les indications d'Ouapouaitou, puis , , et enfin , tous ayant le rôle de pilotes, sauf peut-être le *double de Schou*, dieu solaire qui accompagne le cadavre de Ra.

Au *Livre des Portes*, cet équipage est considérablement réduit, et autour du dieu, toujours enveloppé de diverses manières par les replis de Mehen, nous ne trouvons plus qu'un pilote à l'avant et un à l'arrière, et .

Outre le dieu et son équipage, la barque portait encore un grand nombre de passagers : cette fois-ci, ce ne sont plus des

1. Sur les dieux *Hou* et *Sa*, voir Brugsch, *Religion und Mythologie*, p. 218-219.

êtres divins, mais des morts, des dévots d'Amon qui, se mettant sous sa protection pendant la nuit et s'assimilant à lui, prenaient part à ses pérégrinations nocturnes, pour pouvoir reparaître sur la terre avec lui au matin. D'autres morts avaient encore droit au passage sur la barque divine; c'étaient les fidèles des autres dieux qui pour se rendre dans la demeure de celui qu'ils avaient adoré pendant leur vie et auquel ils devaient se réunir après la mort, étaient recueillis par le grand dieu et amenés par lui à destination sans avoir couru de dangers. Ici la barque solaire joue le rôle du bac [hiéroglyphes] du *Livre des Morts*[1].

C — LES HEURES DE LA NUIT

Dans la barque de Ra, pendant la nuit comme pendant le jour, nous trouvons, outre l'équipage qui reste toujours le même, une divinité qui change avec chaque nouvelle contrée du ciel ou de l'Hadès. C'est la divinité de l'heure, ou autrement nommée, la [hiéroglyphes], la patronne de la barque, la déesse pilote, protectrice du soleil, qui connaît à fond les obstacles du domaine auquel elle est préposée et guide le dieu dans le bon chemin. On conçoit que pendant la nuit, dans les dangereuses provinces du Douat, ces déesses aient acquis une importance toute particulière, et qu'il ait été nécessaire pour l'Égyptien qui voulait affronter les périls de l'Hadès, de les connaître et de se ménager leur protection: aussi ne doit-on pas être étonné de trouver leurs noms tout au long, comme une chose des plus importantes, à la fin de chaque division du *Livre de ce qui est dans l'Hadès*, et même dans le texte abrégé. Ces noms sont ici les suivants:

1. Éd. Naville, pl. cx-cxii; Maspero, dans la *Revue des Religions*, XV, p. 304.

Il existe encore d'autres textes religieux ou funéraires où les noms des heures de la nuit sont mentionnés, et quelquefois mis en parallèle avec ceux des heures du jour; ils accompagnent des images de divinités, la plupart du temps sous la forme de déesses, la tête surmontée d'une étoile, quelquefois aussi figurées par des personnages armés, à têtes de différents animaux. Nulle part nous ne retrouvons les mêmes noms que dans le *Livre de l'Hadès*; quelques-uns s'en rapprochent jusqu'à un certain point, mais la plupart sont entièrement différents[1] :

1. Voir Mariette, *Dendérah*, III, 24, VI, 84. Mariette, *Monuments divers*, pl. XLVI. *Monuments de Leyde* (IIIe partie, M. 13, pl. V-VI). On retrouve aussi les noms de ces déesses sur les plafonds, encore inédits de la salle hypostyle du temple de Kom-Ombos.

Tous ces noms se retrouvent, avec de légères variantes, mais alternent souvent entre eux. Les textes qui nous les ont fournis appartiennent aux époques saïte et ptolémaïque, et sont par conséquent bien postérieurs au *Livre de l'Am-Douat*.

D — LES TEXTES

De cet immense guide des enfers, un assez grand nombre d'exemplaires sont parvenus jusqu'à nous, en général bien conservés. A partir des commencements du Nouvel-Empire, à Thèbes, jusqu'à la période saïte, nous les trouvons sculptés ou peints sur les parois des tombeaux des rois, gravés sur des sarcophages ou écrits sur papyrus.

Les Hypogées royaux. — C'est dans ces splendides tombes où les rois de Thèbes se préparaient de leur vivant des demeures éternelles que nous trouvons les textes de notre livre exécutés avec le plus de soin. Quelques-uns voulaient avoir autour de leur momie un texte tout à fait complet, leur faisant connaître toutes les parties des enfers: c'est le cas pour *Séti I*er, grâce auquel nous avons non seulement les onze heures de l'édition illustrée, mais encore les six premières de l'Abrégé[1]; ce sont ces tableaux, les plus soignés que nous possédions, qui devront servir de base à toute édition critique du *Livre de l'Am-Douat.* Le tombeau de *Ramsès IV* contient aussi les onze premières heures[2].

D'autres rois, qui probablement disposaient de moins de

1. Publié par Lefébure, *Le Tombeau de Séti I*er, Ire part., pl. XXII-XXIX; II, pl. XV-XXVI; IV, XXIV-XXXV, XXXIX-XL, et dans Champollion, *Notices descriptives*, I, 436-440, 758-769, 777-791, 798-802.

2. Lefébure, *Hypogées royaux*, II, p. 63-70.

place, se sont contentés de quelques heures, celles qui appartenaient aux dieux des morts pour lesquels ils avaient le plus de vénération. Ainsi le tombeau de *Setnecht* nous donne le domaine de l'Osiris du Delta[1], celui de *Séti II* les territoires de Khont-Amenti et de Sokaris[2]. *Ménephtah I*er a fait sculpter les nomes des dieux des morts de Memphis et d'Héliopolis[3], et *Ramsès IX* s'est contenté de ceux de Khont-Amenti[4].

Aucun de ces tombeaux n'est publié complètement[5]. Quant aux tombeaux des simples particuliers, il n'en existe pas, à ma connaissance, sur lesquels on retrouve des textes de cette nature.

Pas plus dans les tableaux des hypogées, même les plus complets, que dans ceux des sarcophages, nous ne retrouvons des traces de la douzième heure de la nuit, pour une raison que j'essayerai d'expliquer en passant en revue les figures de cette contrée.

Les Sarcophages. — A partir de l'époque saïte, de simples particuliers, en général des prêtres, commencent à faire graver sur leurs sarcophages les représentations des scènes de l'autre monde. Le seul que je connaisse, antérieur à la XXVIe dynastie, est le beau sarcophage en granit rose de *Ramsès III,* conservé actuellement au Louvre, sur lequel se trouvent les tableaux de la septième et de la huitième heure.

Un autre sarcophage royal, beaucoup plus récent, est celui de *Nectanébo I*er, publié dans le grand ouvrage de la Commission d'Égypte[6]. Il contient les trois premières heures, puis la sixième, la huitième et la neuvième.

Le Louvre possède encore deux sarcophages semblables à ce dernier, dont l'un contient les figures des onze heures presque sans légendes, rangées sur six registres au lieu de

1. Les heures VI à IX. Lefébure, *Hypogées royaux*, II, p. 137-138.
2. Heures II et III, IV et V. Lefébure, *Hypogées royaux,* II, p. 149-150.
3. Heures IV et V, X et XI. Lefébure, *Hypogées royaux*, II, p. 40-41.
4. Heures II et III. Lefébure, *Hypogées royaux*, II, p. 20-24.
5. A cette énumération il faut ajouter le tombeau d'*Aménophis III*, dont le texte très complet autrefois est devenu illisible. La IIIe heure est publiée dans Lepsius, *Denkmäler*, III, pl. CXXXV.
6. *Description de l'Égypte*, Antiquités, V, pl. XL-XLI.

trois[1]. L'autre, beaucoup plus soigné et de la meilleure époque saïte, a été fait au nom du prêtre , et publié par Sharpe[2].

Au Musée de Berlin se trouvent deux sarcophages d'époque saïte qui proviennent de la collection Drovetti. Le premier[3] contenait la momie du .

Il renferme les onze heures au complet, tandis que l'autre contient les mêmes textes, mais gravés sans ordre. Ce dernier appartenait à un général *Nectanébo*, petit-neveu par sa mère du roi *Nectanébo II*[4].

1. De Rougé, *Catalogue des Antiquités égyptiennes du Louvre*, p. 181-182.
2. De Rougé, *Catalogue des Antiquités*, p. 179-181. Sharpe, *Egyptian Inscriptions*, II, pl. I-XXIV.
3. Inventaire n° 49. Je dois ces renseignements, pour ce sarcophage comme pour le suivant, à M. le Dr Schäfer.
4. Inventaire n° 7. Voici les titres et la généalogie de ce personnage:

Ainsi nous aurions le tableau généalogique suivant :

Le général *Téos*

Le général *Smendès* — *Merit-hapi* *Nectanébo II*

Ta-chebes — le général *Petamon*

Le général *Nectanébo*

Les Papyrus. — Chaque musée égyptien d'Europe contient au moins une douzaine de textes de l'Am-Douat sur papyrus. Je n'ai malheureusement pas pu les étudier tous ; de ceux que je connais, je ne citerai que les plus complets et passerai sous silence les nombreux exemplaires qui alignent au hasard sur un ou deux registres quelques figures, sans ordre et presque sans texte. Dans aucun de tous ces papyrus, même les plus complets, nous ne trouvons représentées d'autres heures que les quatre dernières, accompagnées parfois du texte abrégé de quelques-unes des autres.

Pour commencer par les manuscrits publiés, il faut citer d'abord celui de Turin, publié en fac-similé par M. Lanzone[1]. Un autre qui contient aussi les quatre dernières heures est le papyrus du Louvre n° 3071, traduit d'abord par M. Devéria et publié, avec la même traduction, par M. Pierret[2]. Quelques autres papyrus, beaucoup moins importants, ont encore été publiés en fac-similé[3].

Un texte peut-être plus complet encore et plus soigné que ceux du Louvre et de Turin est le papyrus de Leyde T. 71. Au même Musée, le papyrus T. 72, d'un format plus grand et d'un dessin plus fin, ne contient que les heures X-XII. Le papyrus de Berlin n° 3001, un des plus corrects que nous ayons pour le texte abrégé, donne les heures IX-X et XII, mais avec des légendes fort raccourcies. Un autre papyrus de ce même Musée (n° 3005) qui a été fait pour le fils du propriétaire du précédent manuscrit, est, avec ses vignettes coloriées, le plus bel exemplaire que je connaisse[4] ; malheureusement le texte

1. Lanzone, *Le Domicile des Esprits*, 2 p., 11 pl. Paris, Vieweg. 1879.
2. Devéria, *Catalogue des Manuscrits égyptiens du Musée du Louvre*, p. 15-48. Pierret, *Études égyptologiques*, II, p. 103-148.
3. Mariette, *Papyrus de Boulaq*, t. II, n° 9.
Vivant-Denon, *Voyage*, pl. CXXXVII.
Description de l'Égypte, Ant., V, pl. XLIV. (Pap. Louvre 3288).
Monuments du Musée de Leyde, IIIe part. (Pap. n° 76 et 77).
4. Le nom et le titre de ce personnage sont les suivants dans ce papyrus :

. Cet Amenhotep est celui dont la Bibliothèque

en est souvent défectueux; il contient les heures héliopolitaines, X et XI. Pour les heures IX et X, on peut encore citer le papyrus n° 3119 du Louvre. Quant à la douzième heure, elle se trouve sur le plus grand nombre des papyrus, mais rarement complète.

3. — L'Édition abrégée.

A — PLAN

Fort peu d'exemplaires de cette édition nous sont parvenus complets; à ma connaissance, seuls les papyrus de *Berlin n° 3001* et de *Leyde T. 71* contiennent le texte abrégé en entier; d'autres, ceux du *Louvre n° 3071* et de *Turin*, en donnent plus de la moitié, les sept premières heures, de même que le tombeau de *Séti I*[er], le seul exemplaire monumental que nous possédions.

Ce texte est disposé en colonnes verticales, remplies d'hiéroglyphes rétrogrades rouges et noirs, les changements d'encre indiquant en général la place où dans nos écritures modernes se trouveraient des alinéas. Le plus souvent, les hiéroglyphes couvrent ces colonnes du haut en bas, d'autres fois ils n'en occupent qu'une partie plus ou moins longue, et coupent ainsi les phrases d'une manière plus nette[1].

Après un court préambule qui contient la mention de l'arrivée du dieu dans un des cercles de l'Hadès et des paroles

Nationale possède les cercueils. (Voir Ledrain, *Monuments égyptiens de la Bibl. Nat.*, pl. LXII-LXVII, et Chassinat dans *Recueil de Travaux*, XIV, p. 11.) Dans la même collection du Cabinet des Médailles, M. G. Legrain me signale deux statuettes funéraires en émail bleu (n°s 782 et 788) dont l'une porte l'inscription suivante: [hiéroglyphes] Il est donc le fils du personnage dont les statuettes funéraires sont aussi au Cabinet des Médailles (n°s 779-781; 923), et par conséquent du propriétaire du papyrus de Berlin 3001. (Voir plus bas, p. 30.)

1. Par exemple le papyrus de Berlin 3001. (Voir les planches.)

magiques qu'il adresse aux habitants de cette contrée, vient pour chaque heure le nom de la porte par laquelle le dieu y entre, puis celui du nome lui-même; à ce dernier est adjointe en général une phrase qui lui sert d'apposition et dit en plus ou moins de mots les particularités de la cité en question. Parfois aussi, on y ajoute le nom collectif des dieux qui s'y trouvent. Ensuite vient l'énumération des félicités réservées aux bienheureux qui nomment tous ces lieux et tous ces génies et qui ont fait copier à leur usage ces tableaux extraordinaires, composés autrefois, selon la tradition, par Horus, pour décorer le tombeau de son père, *la maison cachée de l'Amenti:* ces privilèges sont de double nature et concernent aussi bien la vie du double dans la tombe que la vie de l'âme qui peut, quand elle est suffisamment instruite, traverser pendant la nuit l'Hadès sur la barque du soleil et se promener sur la terre pendant le jour. Le nom de la déesse de la nuit qui pilote le dieu dans la contrée en question, termine le texte.

Tel est le plan général de chacune des douze divisions de l'Abrégé, qui ne s'en écartent, les unes ou les autres, que par de très légères divergences.

B — LES TEXTES

1. *Papyrus Berlin 3001.* — Ce papyrus, un des plus complets que nous possédions, est sans contredit le plus grand: il mesure 7^{m}56 de long sur 0^{m}33 de haut; il est fort bien conservé. Après les neuvième, dixième et douzième heures que nous présente la version illustrée, nous avons en 175 colonnes les douze heures de l'Abrégé, et enfin un grand tableau, unique dans les exemplaires du *Livre de l'Am-Douat,* représentant le jugement du mort: son cœur est pesé par Anubis dans une grande balance en face des deux déesses Mâat; derrière le mort agenouillé attendant son arrêt, est accroupie l'hippopotame femelle, l'accusatrice. Dans un autre coin du tableau, le bassin de purification, rempli de feu et flanqué de quatre cynocéphales. Cette vignette est empruntée au chapitre CXXV du *Livre des Morts,* dans les variantes

duquel nous la retrouvons plus ou moins développée[1]. A l'autre extrémité du papyrus, avant le commencement du texte illustré, une autre figure représente *Osiris-Khont-Amenti*, sous la forme d'une momie couronnée du diadème de la Haute-Égypte; ses deux bras saillants sont enveloppés d'une étoffe à ramages; il tient le fouet et le pedum.

Ce papyrus est au nom du . Au sujet de ce personnage, mon ami M. Legrain, qui prépare un Catalogue complet des antiquités égyptiennes du Cabinet des médailles, m'a communiqué les inscriptions de trois statuettes funéraires de cette collection[2], inscriptions ainsi conçues: [3]. Ces statuettes, qui paraissent bien appartenir au même individu, ont été trouvées avec celles d'autres personnages de la même famille[4]: elles sont en émail bleu avec repeints noirs, en tout semblables pour la forme, l'aspect et les procédés de fabrication à celles qui proviennent de la trouvaille de Déir el-Bahari. Cela nous reporterait donc au plus tard vers la XXIe dynastie, époque qui correspond assez bien au genre d'écriture de notre papyrus.

Nous avons ici affaire à un des textes les plus complets de l'Abrégé du *Livre de ce qu'il y a dans l'Hadès*, et c'est celui que j'ai pris comme base de ce travail. Comme orthographe, il est souvent plus correct que les autres, et se rapproche en cela de la version du tombeau de Séti Ier. A deux endroits

1. *Todtenbuch*, éd. Naville, pl. CXXXVI; la vignette qui se rapproche le plus de la nôtre est celle du pap. P. a, quoiqu'elle ne donne ni l'Anubis ni l'hippopotame qui se retrouvent dans les autres. Pour le bassin de feu, voir pl. CXXXVIII.

2. Les n°s 779-781. Une autre, le n° 923, ne porte que le nom d'Horemkheb.

3. Le *Livre des Morts*, n° VI, du Musée de Leyde, paraît aussi avoir appartenu à ce même personnage.

4. Entre autres son fils Amenhotep que nous connaissons déjà par le papyrus Berlin 3005 (v. p. 27, note 4) et par son sarcophage, conservé également à la Bibliothèque Nationale. — Les statuettes funéraires en question doivent avoir été rapportées d'Égypte par Cailliaud.

seulement, dans la septième et dans la neuvième heure, le scribe a omis quelques lignes qui, grâce aux variantes, peuvent être facilement reconstituées.

2. *Papyrus Leyde T. 71*[1]. — Ce manuscrit inédit, lui aussi, est peut-être plus complet que celui de Berlin. Il mesure 4m60 sur une hauteur de 0m24. Il est anonyme, mais ne peut, paléographiquement, se placer beaucoup plus tard que le papyrus de Berlin, ni que celui de Turin, avec lequel il a encore d'autres points de ressemblance.

Tout d'abord nous avons ici les quatre dernières heures de la nuit, illustrées, dans un texte très développé et très complet; puis viennent 119 colonnes contenant l'Abrégé tout entier, sans aucune omission, écrit alternativement en noir et en rouge, comme d'habitude, il remplit les colonnes du haut en bas, de même que le papyrus de Turin. Les hiéroglyphes sont de la même facture que ceux des autres manuscrits, mais légèrement plus petits.

Ce texte important a été mis à ma disposition, avec beaucoup de complaisance, ainsi que les autres papyrus du Musée de Leyde, par le directeur et le conservateur, et je tiens à leur témoigner ici ma reconnaissance.

3. *Papyrus Louvre 3071*. — C'est ce texte qui le premier a été l'objet d'une étude sérieuse de la part de M. Devéria, qui en publia une traduction complète[2]. Cette traduction, reproduite par M. Pierret, dans son édition de ce papyrus[3], est imprégnée des idées mystiques qu'on se faisait à cette époque sur la religion de l'Égypte.

Ce papyrus, encadré et exposé dans la salle funéraire du Musée du Louvre, ressemble comme facture au papyrus de Berlin. Il renferme les quatre dernières heures, illustrées, et les sept premières de l'Abrégé. Il ne nous donne pas le nom de celui pour lequel il a été écrit.

4. *Papyrus Turin*. — Le seul manuscrit important de cette catégorie qui ait été jusqu'ici publié en fac-similé est celui du Musée de Turin. M. Lanzone en a donné en 1879 une

1. Leemans, *Catalogue du Musée égyptien de Leyde*, p. 253-255.

2. Devéria, *Catalogue des Manuscrits égyptiens du Musée du Louvre*, p. 15-48.

3. Pierret, *Études égyptologiques*, II, p. 103-148.

édition sous le titre de: *Le Domicile des Esprits*[1]. Il contient les quatre dernières heures de la nuit dans l'édition illustrée, puis, dans les 97 colonnes de l'Abrégé, un texte qui s'arrête avant la dernière phrase de la septième heure. Ce papyrus, qui a beaucoup de rapports avec celui de Leyde (T. 71), lui est cependant inférieur au point de vue de l'orthographe et dénote plus de négligence de la part du scribe. Il est anonyme et mesure 4m02 sur 0m25.

5. *Tombeau de Séti Ier*. — Seul de tous les textes monumentaux, l'hypogée de Séti Ier nous offre, à côté d'une édition illustrée très complète jusqu'à la onzième heure, le commencement de la version abrégée, qui s'arrête brusquement, faute de place, au milieu de la première phrase de la septième heure[2].

Dans ces 213 petites colonnes, nous avons un texte très soigné et très correct, qui se rapproche surtout, pour l'orthographe, du papyrus de Berlin n° 3001.

6. *Les autres textes*. — Parmi les variantes que nous avons encore de l'édition abrégée de notre livre, il faut citer tout d'abord le grand *papyrus de Leyde T. 72*[3], qui nous donne les quatre premières heures de la nuit, puis celui du *Louvre n° 3119*[4], qui en a trois. Pour la première heure seule, nous avons encore les *papyrus du Louvre n° 3109* et *entrée 3451*[5]. Quant au *papyrus de Leyde T. 77*[6], il contient bien les trois premières heures, mais il est difficile de s'en servir, vu le désordre qui règne dans sa composition et le manque de suite avec lequel ses phrases se succèdent.

C — CRITIQUE DES TEXTES

En comparant entre elles les différentes versions que nous avons de l'Am-Douat abrégé, nous pouvons constater une grande ressemblance : les nombreuses variantes ne sont guère que de nature orthographique ou phonétique. Quelquefois un

1. 2 pages, XI planches. *Paris*, Vieweg.
2. Lefébure, *Tombeau de Séti Ier*, IVe part., pl. XXIV-XXXV.
3. Leemans, *Catalogue du Musée de Leyde*, p. 255.
4. Devéria, *Catalogue des Manuscrits*, p. 44.
5. Devéria, *Catalogue des Manuscrits*, p. 39 et 40.
6. Publié dans la IIIe partie des *Monuments égyptiens de Leyde*. Voir Leemans, *Catalogue*, p. 257.

papyrus omet une phrase ou un mot, mais cela paraît venir simplement de la négligence ou de l'inattention du scribe, soit qu'il copiât son texte, soit qu'il se le fît dicter. En somme, nous pouvons facilement nous convaincre que tous les exemplaires que nous avons dérivent d'un même original, d'un archétype unique qui — fort probablement composé par un des prêtres d'Ammon — était entre les mains du collège de Thèbes, et à la disposition des fidèles qui pouvaient le faire copier pour leur usage personnel. Ce fait que tous les papyrus que nous avons dérivent du même manuscrit est bien évident à certains passages où l'archétype contenait des fautes ou des abréviations que nous retrouvons dans toutes les variantes; les exemples les plus frappants en sont à la cinquième heure, où la formule , qui se retrouve si souvent, plus ou moins développée, est réduite à sa plus simple expression: [1], et à la sixième heure, où nous avons partout la phrase , incompréhensible si l'on n'ajoute pas, comme dans les phrases analogues, le mot avant [2].

Il est cependant encore possible de faire une distinction entre différentes classes de manuscrits, en tenant compte de certaines variétés d'orthographe qui se répètent toujours, ce dont on peut se convaincre aisément en considérant les variantes de chaque heure. Ainsi le papyrus de Berlin 3001 a de grandes analogies avec le tombeau de Séti Ier; de même entre les papyrus de Leyde 71, de Turin et du Louvre 3119. Plus évidente encore est la ressemblance entre les papyrus du Louvre 3071, de Leyde 72 et du Louvre 3109[3].

En admettant que chacune de ces trois classes ait eu pour modèle un même manuscrit, dérivé de l'archétype, nous aurions le tableau suivant:

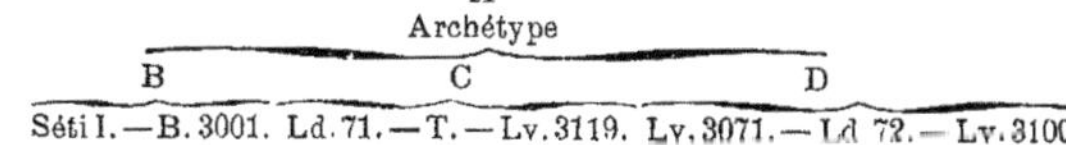

1. B. 3001, l. 74; cf. l. 21.
2. B. 3001, l. 78-79.
3. Dans la Ire heure, par exemple, ces papyrus donnent à toute une phrase une variante empruntée à la IIe heure (Voir p. 43, cf. B. 3001, l. 2).

Quant aux autres variantes, si peu importantes pour la plupart, elles viennent sans doute de l'habitude qu'avaient les scribes égyptiens de se faire dicter ce qu'ils écrivaient et d'employer l'orthographe qui leur était la plus familière. Il faut tenir compte aussi de la place qu'ils avaient dans leurs colonnes, ce qui les forçait parfois à allonger ou à raccourcir certains mots.

LE LIVRE
DE CE QU'IL Y A DANS L'HADÈS

ÉDITION ABRÉGÉE

Texte, Variantes et Traduction.

LES TITRES

En tête du texte abrégé se trouve écrite horizontalement, en écriture rétrograde, au-dessus des colonnes de la première heure, la phrase suivante:

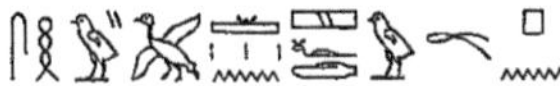

« *Abrégé*[1] *de ce livre*[2], » qui sert d'introduction à notre texte, en le distinguant de l'édition illustrée[3].

La première colonne[4] renferme le titre proprement dit, titre plus général, qui se retrouve aussi, beaucoup plus développé, en tête du texte illustré[5]:

---

1. Les mots *abrégé, résumé*, ne rendent qu'imparfaitement l'idée de compilation, d'assemblage, de réunion, qu'exprime le mot [hiéroglyphes], [hiéroglyphes], [hiéroglyphes] (Brugsch, *Dict.*. p. 1277, et *Suppl.*, p. 1092 et 1096). J'ai dû les conserver faute de mot français correspondant.

2. Pour le mot [hiéroglyphes], *livre*, et plus particulièrement *rouleau*, voir Brugsch, *Dict.*, p. 1386, et *Suppl.*, p. 1183.

3. Cette phrase se trouve aux pap. Berlin 3001, Leyde 71, Louvre 3071.

4. Pap. Berlin 3001, pl. VIII, 1. — Pap. Leyde 71, pl. V, 1. — 72, pl. VII, 1. — Pap. Turin (Lanzone), pl. VII, 1. — Pap. Louvre 3071 (Pierret, *Inscr. du Louvre*, I, p. 104). — Pap. Louvre 3119, pl. III, 1. — 3109, pl. III, 1. — 3451, pl. VI, 1. — *Tombeau de Séti I*[er] (Lefébure, IVe partie, pl. XXIV).

5. Lefébure, *Tombeau de Séti I*[er], IVe partie, pl. XXIV.

[hiéroglyphes] [1] [2] [3] [4]

« *Commencement de la Corne d'Occident.— Extrémité des ténèbres épaisses.* » Le parallélisme de ces deux membres de phrase est évident et embrasse en ces quelques mots toute la course de Ra dans l'Hadès; la Corne de l'Occident, c'est la montagne derrière laquelle le soleil disparaît, le soir, nom mythique analogue au νότου κέρας des Grecs[5]. Quant à l'extrémité des ténèbres épaisses, on entend par là la fin de la nuit, l'aurore, l'endroit où le soleil va renaître: en effet, cette expression se retrouve à la fin de notre texte pour caractériser la douzième heure de la nuit[6].

---

1. Var.: B. 3001; Ld. 72: [hiéroglyphes].
2. T.; Lv. 3119: [hiéroglyphes]; Ld. 71: [hiéroglyphes].
3. Lv. 3119, 3451; Ld. 71: [hiéroglyphes].
4. T.: [hiéroglyphes]; Lv. 3071, 3109, 3451; Ld. 72: [hiéroglyphes]; Lv. 3119; Ld. 71: [hiéroglyphes] (ou \\).
5. Une autre montagne, située au sud de l'Égypte, est appelée d'un nom analogue à celui-ci [hiéroglyphes] (voir Brugsch, dans *Revue égyptologique*, II, 322, et Brugsch, *Géogr.*, I, n° 242).
6. Voir Pap. Berlin 3001, l. 157 et 169.

PREMIÈRE HEURE[1]

Avant le moment où commencent les ténèbres épaisses, il y a un instant qui n'est déjà plus le jour et qui n'est pas encore la nuit. Ce crépuscule, où le soleil, déjà disparu de l'horizon, ne répand plus sur la terre qu'une légère lueur, les Égyptiens en ont fait une première étape de la course au travers des enfers, une sorte d'antichambre où le dieu souverain se transforme[2]. Il est encore monté sur sa barque de l'après-midi, [hiéroglyphes], celle qui porte à sa proue un grand tapis frangé, mais lui-même a déjà pris son aspect nocturne; il n'est plus que le cadavre, la *chair* ([hiéroglyphes]), un dieu à tête de bélier surmontée du disque solaire.

Le caractère particulier de cette contrée qui ne fait pas encore, à proprement parler, partie des mondes infernaux, lui a fait donner par les Égyptiens un autre nom qu'aux principautés suivantes du Douaout. A l'opposition des cercles ou zones ([hiéroglyphes]) ou des cités entourées de leur nome ([hiéroglyphes]), nous avons simplement ici une [hiéroglyphes], un vestibule, un entrepôt. Ce mot exprime l'idée de magasins, de dépendances où les Égyptiens enfermaient non seulement leurs provisions, mais aussi leurs esclaves, leurs fellahs; ces magasins formaient une cour, entourée d'un nombre plus ou moins grand

1. Voir Lefébure, *Tombeau de Séti Ier*, IVe part., pl. XXIV-XXVI; Sharpe, *Egyptian Inscriptions*, II, pl. XII-XIII; *Description de l'Égypte*, *Antiquités*, V, pl. XLI. — Étude sur cette heure : Maspero, *Hypogées royaux*, p. 27-32.

2. Le caractère transitoire de cette première contrée de la nuit est plus évident dans le *Livre des Portes*, où la barque divine vogue dans une vallée entre deux montagnes de sable qui finissent par se resserrer de manière à ne plus laisser qu'un étroit défilé par lequel le dieu pénètre dans l'Hadès. Deux séries de génies, opposées l'une à l'autre, peuplent ce nome, les *dieux de la montagne* et les *dieux de l'Amenti*. (Voir Sharpe et Bonomi, *Sarcophagus of Oimenephtah*, pl. IV et V.)

de petites loges, telles que celles qui ont été retrouvées derrière la pyramide de Khéfren. Ici, c'est la même chose : toute une série de petites cellules s'échelonnant le long du fleuve et servant de retraite aux serviteurs du dieu, qui n'en sortent que pour faire leur service auprès de lui.

Moins grande que les autres, cette contrée est aussi moins peuplée : à part deux groupes de cynocéphales et quelques génies dont le rôle est, soit d'ouvrir au dieu mort la porte des enfers, soit de lui adresser des acclamations à son passage, les autres divinités que nous trouvons représentées, chacune dans sa cellule, n'y habitent pas perpétuellement ; elles n'y sont qu'en attendant le moment où elles iront auprès du soleil exercer leurs fonctions, soit pendant le jour, soit pendant la nuit. Ce sont d'abord les douze déesses qui, de jour, acclament Ra, puis les douze uræus crachant des flammes pour éclairer, chacune à son tour, les ténèbres par lesquelles passera le dieu, enfin les douze déesses qui prendront l'une après l'autre leur quart sur la barque divine et la guideront sur le fleuve mystérieux, et celles qui invoqueront le soleil pendant la nuit. Nous nous trouvons donc ici dans une sorte de corps de garde où le dieu, après s'être transformé, quitte l'escorte qui l'a accompagné pendant le jour pour prendre avec lui celle, plus nombreuse, qui non seulement devra lui faire des invocations, mais encore guider sa barque à travers des pays remplis d'obstacles et de dangers, et éclairer les ténèbres autour de lui.

C'est là une population bien pacifique, si on la compare aux multitudes de génies redoutables qui hantent les autres parties de l'Hadès. A côté de ces habitants, se trouve encore la série de divinités chargées, comme dans plusieurs autres cercles, de former cortège devant la barque divine. Tout d'abord quelques déesses et dieux bien connus, comme Mout, Neit, Khont-Amenti, puis une barque portant un gros scarabée, l'âme du soleil mort, qui vient de le quitter, et s'unira de nouveau à lui à la fin de la nuit, et enfin des serpents et des génies brandissant des épées et des serpents.

Voilà pour les habitants divins de cette contrée, qui était en outre remplie d'une multitude d'êtres, trop peu importants pour être représentés, et ne jouant aucun rôle dans l'histoire des voyages du dieu Soleil. Ce sont les âmes des morts, qui quittent la terre au soir, en même temps que Ra, mais doivent s'arrêter à cette première étape où elles végéteront pour l'éternité, probablement, faute d'avoir en leur possession, comme sauf-conduit, des formules magiques qui leur permettent de monter sur la barque solaire et de se faire conduire jusqu'au domaine du dieu que, de leur vivant, elles ont adoré, ou, s'assimilant à Ra, de le suivre pendant toute sa course pour reparaître au jour le matin, et errer sur la terre, pendant la journée, à leur gré [1].

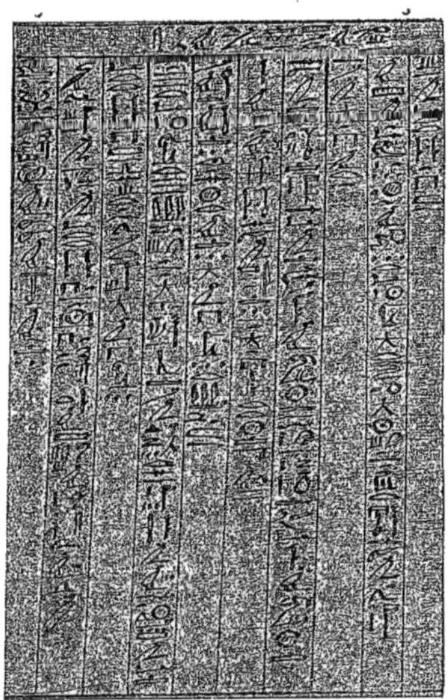

Pap. Berlin 3001, l. 1-10.

1. Le grand discours que Ra fait aux dieux de l'Arrit qui lui répondent (Lefébure, *Séti Ier*, IVe part., pl. xxvii) est placé par M. Maspero (*Hypogées royaux*, p. 35-36) avec la iie heure. Il doit se rapporter plutôt à la ire heure, car il est adressé aux dieux de l'Arrit, aux cynocéphales bondissants qui doivent ouvrir les portes de l'Hadès, et aux déesses qui doivent éclairer et guider la barque.

TEXTES RENFERMANT LA PREMIÈRE HEURE[1]

1. Papyrus Berlin 3001, abrév., B. 3001.
2. Pap. Leyde 71 (inédit), Ld. 71.
3. Pap. Turin (éd. Lanzone, pl. VII), T.
4. Pap. Louvre 3071 (Pierret, *Études égyptologiques*, II, p. 104-105), Lv. 3071.
5. Pap. Louvre 3119, Lv. 3119.
6. Pap. Louvre 3109, Lv. 3109.
7. Pap. Louvre 3451 (entrée), Lv. 3451.
8. Pap. Leyde 72, . Ld. 72.
9. *Tombeau de Séti I*er (Lefébure, IVe part., pl. XXIV-XXV), S.

Pap. Leyde 71, l. 1-8.

1. Le texte qui suit, ainsi que celui des autres heures, est celui du pap. B. 3001, sauf dans les cas où il y a des fautes évidentes. Les lacunes de ce papyrus sont données d'après celui de Leyde, n° 71. Quant aux variantes, j'ai donné toutes celles qui se trouvent dans les différents exemplaires, sauf pour quelques mots qui reviennent très souvent,

toujours avec les mêmes variantes orthographiques. Ces mots sont les suivants:

écrit aussi

écrit aussi

écrit aussi

écrit aussi

écrit aussi

écrit aussi

écrit aussi

écrit aussi

écrit aussi

écrit aussi

écrit aussi

écrit aussi

écrit aussi

écrit aussi

1. S.:

2. T. et Ld. 71: ; Lv. 3451:

3. Tur.:

4. Lv. 3071 et 3109; Ld. 72:

———

…, phrase appartenant à la IIe heure.

5. Lv. 3451, manque : .

6. T. et Lv. 3119 : .

7. T. et Lv. 3119, manque : .

8. S. : *passim*.

9. Lv. 3119 : .

10. T. et Lv. 3119; Ld. 71 : ; Lv. 3451 : .

11. Tout ce membre de phrase manque dans Lv. 3071 et 3109, et Ld. 72.

12. S. : .

13. B. 3001 : .

14. T. et Lv. 3119, et Ld. 71 : .

15. Lv. 3071; Ld. 72 : .

16. T., manque : .

17. T.; Lv. 3119; Ld. 71 : ; Lv. 3071, 3109, 3451, et Ld. 72 : ; S. : .

18. T.; Lv. 3119; Ld. 71 : .

19. T. : ; Ld. 71 : .

20. T. : (?); Lv. 3071, 3119; Lv. 72 : ; Lv. 3451; Ld. 71 : .

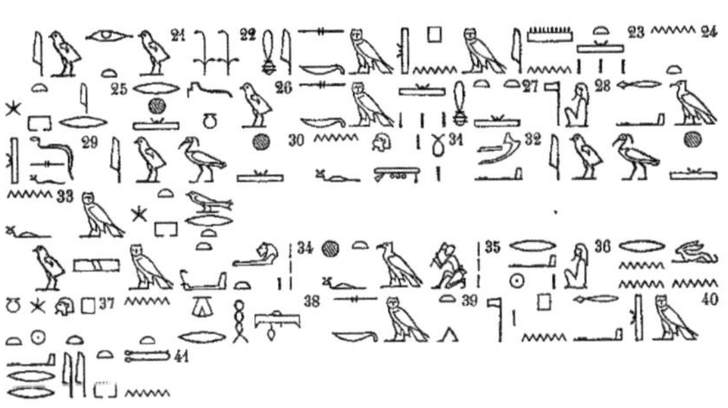

21. Lv. 3071, 3451; Ld. 72 : .

22. S.: ; Ld. 71 : .

23. S.: .

24. S.: .

25. T.; Lv. 3119.; Ld. 71: .

26. T.; Lv. 3119 : ; Ld. 71 : ; Lv. 3071, 3109, 3451 : .

27. T.: ; B. 3001; Lv. 3071, 3109; Ld. 72: ; Lv. 3451: .

28. Lv. 3071; Ld. 71-72 : .

29. S.: .

30. T.; Lv. 3119: ; Lv. 3451; Ld. 71-72: .

31. Lv. 3071, 3109, 3451 ; Ld. 72: ; T.; Lv. 3109, 3119, 3451; Ld. 71: .

32. T.: ; Lv. 3071, 3119, 3451; Ld. 71-72: .

33. Lv. 3071, 3109; Ld. 72: .

34. S.: ; T.: .

35. Manque le dans B. 3001; T.; Lv. 3071.

36. S. et B. 3001; Ld. 72 ont ★ après .

37. T.; Lv. 3119: ; Ld. 71, manque.

TRADUCTION

Ce dieu entre en terre dans le pylone de l'horizon occidental; il a 120 lieues[1] de navigation à faire dans ce pylone avant de parvenir jusqu'aux dieux de l'Hadès.

Ouadi de Ra est le nom de cette première contrée de l'Hadès. Il (Ra) distribue des champs aux dieux qui sont à sa suite et commence à émettre des paroles pour faire les affaires[2] des dieux infernaux, pour cette contrée.

Celui qui fait ces choses d'après cette image qui est dans la maison cachée de l'autre monde, celui qui sait que ces images sont le double du dieu grand lui-même, cela lui est utile sur la terre[3], cela lui est utile dans l'Hadès immense.

---

38. T.; Lv. 3119: .

39. T.: .

40. T.: .

41. S.: manque.

1. Un , mesure de longueur, correspond au σχοῖνος des Grecs (Brugsch, *Dict., Suppl.*, p. 164-165) ; il a une longueur d'environ 5,300 mètres, ainsi un peu plus d'une de nos lieues. (Voir Lepsius dans *Zeitschrift*, 1877, p. 7, et Wiedemann, *Herodots zweites Buch*, p. 61.)

2. Sans parler du sens *dessin*, *peinture*, qui se retrouve à chaque instant dans l'édition avec figures de l'Am-Douat, spécialement dans la phrase , le mot , a dans notre texte un sens si général, que de la plupart des traductions proposées : *idée*, *plan*, *volonté*, *état*, etc. (Brusgch, *Dict.*, p. 1297), celle qui convient le mieux paraît être *affaires*. Voir aussi pour la locution Brugsch, *Dict.*, *Suppl.*, p. 1111 : *Sorge tragen für* (Mariette, *Karnak*, pl. IV).

3. L'expression se rapporte à la doctrine qui veut que le mort, après avoir passé la nuit sur la barque solaire, se lève avec elle au matin et passe la journée à errer sur la terre, où il veut, parcourant les endroits où il a habité pendant sa vie, buvant de l'eau à son étang, prenant le frais sous ses ombrages, mangeant les fruits de ses plantations. Cette description des félicités terrestres obtenues après la mort se trouve développée dans les stèles du Louvre C. 55 (Pierret, *Ét. ég.*, VII, p. 90)

Celle qui fend les fronts des ennemis de Ra est le nom de la première heure de la nuit, qui guide ce grand dieu dans ce pylone.

---

et C. 3 (*ibid.*, p. 104). C'est le qui fait le sujet de toute la première partie du *Livre des Morts*, des chapitres I-XV. (Voir *Todtenbuch*, éd. Naville, pl. I-XX; Lefébure dans les *Mélanges égyptologiques de Chabas*, 3e série, t. II, p. 218-241 ; Maspero, *Le Livre des Morts*, dans *Revue des Religions*, XV, 287 et suiv.) De même aussi le ch. XVII. (*Todtenbuch*, éd. Naville, pl. XXIII-XXVI) et le ch. LXIV ainsi que les suivants. (*Todtenbuch*, éd. Naville, pl. LXXV-LXXXVI, etc.)

DEUXIÈME HEURE [1]

C'est à Osiris qu'appartiennent les premiers domaines de la nuit, et plus particulièrement à Osiris-Khont-Amenti, le dieu des morts d'Abydos. Le grand dieu soleil, le cadavre d'Ammon-Ra, y passe en suzerain, est reçu comme tel et adoré par ses vassaux. Dans ce deuxième nome de l'enfer, ceux-ci ont un caractère plutôt pacifique, et se promènent sur les rives du fleuve, la plupart couronnés de grands épis ou tenant à la main des pousses de palmiers; d'autres, il est vrai, brandissent des épées ou des massues, mais ni le dieu ni les fidèles n'ont rien à craindre de leur part: ce sont les gardes d'Osiris, chargés de faire la police du nome, d'en interdire l'entrée aux morts qui ne sont pas des fidèles d'Osiris ou qui ne voguent pas sur la barque solaire, et de les exterminer. Sur les bords de l'eau, encore quelques formes de grands dieux, comme Thot, Seb, Khnoum, Hor-Set, regardent passer la divine procession.

Dans ce pays ami, le cortège n'a pas besoin d'être bien imposant; la barque du dieu, qui a pris sa forme nocturne en déposant simplement son grand tapis à franges, descend le courant du fleuve, sans rameurs, sans haleurs; son équipage s'est augmenté ici de deux uræus, images d'Isis et de Nephthys, dressées à la proue. Suivant aussi le fil de l'eau, quatre petits canots la précèdent, sans pilotes, sans matelots, portant chacun des objets d'une grandeur colossale, un disque solaire sur un chevet, accompagné d'une plume d'autruche, un sistre entre deux femmes, un crocodile (ou lézard) portant une tête humaine sur le dos, et enfin, entre deux énormes épis, trois personnages sans bras.

Cette contrée est désignée sous le nom , mot

1. Voir Lefébure, *Tombeau de Séti I*[er], IVe part., pl. XXIX-XXXII; Sharpe, *Egypt. Inscr.*, II, pl. XI; *Descr. de l'Égypte, Antiquités*, t. V, pl. XL. — Étude sur cette heure: Maspero, *Les Hypogées royaux*, p. 32-38.

que l'on n'a pu s'empêcher de rapprocher de l'οὐρανός des Grecs[1]. Ici, ce n'est probablement que le nom que porte le fleuve dans ce nome. De même qu'en Égypte, le Nil changeait de nom avec chaque nouvelle principauté dans laquelle il entrait. Ce nom est localisé dans le territoire de la deuxième heure et ne se retrouve nulle part ailleurs dans nos textes[2]. Le rapprochement le plus naturel à trouver pour

Pap. Berlin 3001, l. 11-26.

1. Voir Birch, *The Papyrus of Naskhem*, p. 6. Cité par Maspero : *Revue des Religions, le Livre des Morts*, p. 9.

2. Une exception se trouve à la 1re heure, dans le nom des déesses qui doivent acclamer le Soleil pendant la nuit: [hiéroglyphes]. C'est sans doute une erreur du prêtre d'Ammon rédacteur de ce livre, qui a fait la première heure sur le modèle de la deuxième.

cette contrée fertile, habitée et cultivée par des sujets d'Osiris, serait avec les jardins d'Ialou du *Livre des Morts*, car ici, si les semailles et les moissons ne sont pas représentées, du moins nous y trouvons personnifiés les différents états du grain germant[1]. Quant à ceux qui doivent cultiver cette contrée, les fellahs, ce sont des dévots d'Osiris, que Ra amène jusque-là dans sa barque ; ensuite il leur distribue des fiefs, des champs, et vivifie leurs âmes par sa parole magique, chaque nuit, à son passage. C'est une existence plus heureuse que l'oubli dans lequel sont plongées toutes les âmes qui ne peuvent dépasser les limites de la première heure.

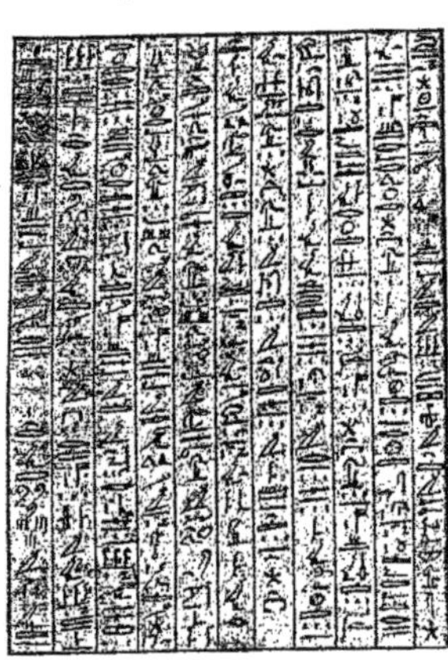

Pap. Leyde 71, l. 9-19.

TEXTES RENFERMANT LA DEUXIÈME HEURE

1. Papyrus Berlin 3001, abrév., B. 3001.
2. Pap. Leyde 71 (inédit), Ld. 71.
3. Pap. Turin (éd. Lanzone, pl. VII-VIII), T[1].

---

1. Les trois personnages à la tête couronnée de deux épis, et portant les noms de (de , s'enfler), (germer) et . (Voir Lefébure, *Séti Ier*, IV, pl. XXXI.)

4. Pap. Louvre 3071 (Pierret, *Études égyptologiques*, II, p. 105-106), Lv. 3071.

5. Pap. Louvre 3119 (inédit), Lv. 3119.

6. Pap. Leyde 72, Ld. 72.

7. *Tombeau de Séti I*[er] (Lefébure, IVe part., pl. xxv-xxix), S.

1. manque dans B. 3001; Lv. 3119; Ld. 71, s.

2. S.; Lv. 3119; Ld. 72: .

3. S. : .

4. manque dans Ld. 71; Lv. 3119.

5. S.: ; Ld. 71; Lv. 3119: .

6. Lv. 3071; Ld. 72 : .

7. Lv. 3071, 3119; Ld. 72: .

8. T.: ; Lv. 3119: .

9. B. 3001; T.; S., manque: .

10. S., manque: .

11. T., manque: .

12. T.; Ld. 72: ; Lv. 3071: .

13. T.; Ld. 72: ; Lv. 3071: .

14. Lv. 3119: .

15. T.; Ld. 71: .

16. S.: .

17. T.; Lv. 3071: ; Ld. 72: ; Lv. 3119: .
18. Lv. 3119: .
19. Lv. 3119, manque: .
20. Pap. Berlin : après , manque toute la phrase jusqu'à .
21. Ld. 72, manque: .
22. Ld. 71, 72: ; Lv. 3119: .
23. S.; Ld. 71: .
24. Ld. 71: .
25. S. manque: .
26. B. 3001; S.: .
27. B. 3001: .
28. Ld. 71: ; S.: ; T.; Ld. 72: ; Lv. 3071: .
29. Le scribe de Lv. 3119, confondant les deux , a sauté toute la ligne qui se trouve entre deux.
30. Lv. 3119; Ld. 71: ; Lv. 3071: .
31. S.: ; Lv. 3119, manque.
32. S.: ; Ld. 71: .
33. S.: .
34. B.: 3001, manque.
35. T.: .

36. T.; Lv. 3071; Ld. 72: . S. .

37. B. 3001; Lv. 3071: .

38. T.; Lv. 3071: .

39. Lv. 3119: .

40. T.; Lv. 3071; Ld. 71: .

41. Lv. 3119, manque.

42. Lv. 3071; Ld. 72: ; Lv. 3119: .

43. Cette phrase, simple parenthèse, est écrite en rouge pour la distinguer de la phrase précédente, en noir. Le scribe de B. 3001 a, par erreur, recopié à la place de ces quelques mots, ceux qui se trouvent deux lignes avant : .

44. T.; Lv. 3071; Ld. 72: .

45. S.; B. 3001: ; Lv. 3119: .

46. T.; Lv. 3071, 3119, manque.

47. T.; Lv. 3071; Ld. 72: ; Lv. 3119: .

48. T.; Lv. 3071: (T :); Ld. 72: .

49. S.: .

50. T.; Lv. 3071: ; Ld. 72: .

51. Ld. 3119: .

52. Lv. 3119; Ld. 71, manque; Ld. 72: .

53. Ld. 71: ; Lv. 3119: .

54. B. 3001 : ; T.; Lv. 3071; Ld. 72: ; Ld. 71: .

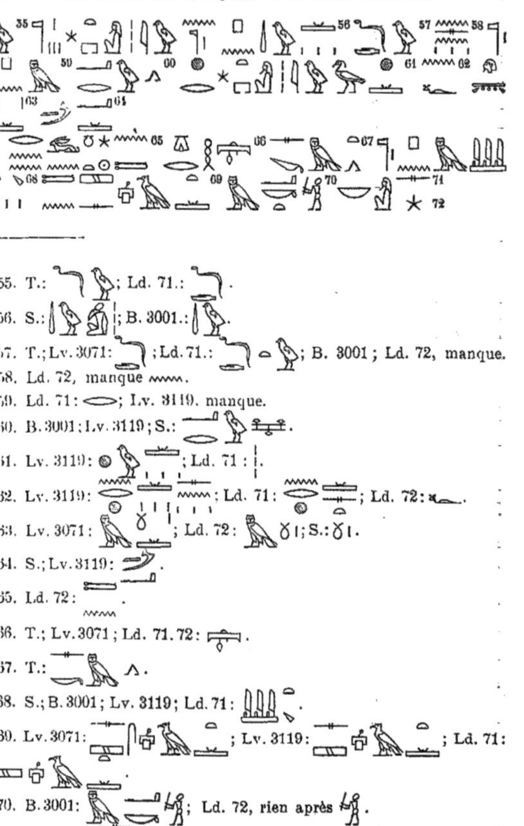

55. T.: ; Ld. 71.: .
56. S.: ; B. 3001.: .
57. T.; Lv. 3071: ; Ld. 71.: ; B. 3001; Ld. 72, manque.
58. Ld. 72, manque .
59. Ld. 71: ; Lv. 3119. manque.
60. B. 3001; Lv. 3119; S.: .
61. Lv. 3119: ; Ld. 71: .
62. Lv. 3119: ; Ld. 71: ; Ld. 72: .
63. Lv. 3071: ; Ld. 72: ; S.: .
64. S.; Lv. 3119: .
65. Ld. 72: .
66. T.; Lv. 3071; Ld. 71. 72: .
67. T.: .
68. S.; B. 3001; Lv. 3119; Ld. 71: .
69. Lv. 3071: ; Lv. 3119: ; Ld. 71: .
70. B. 3001: ; Ld. 72, rien après .
71. Lv. 3119: .
72. B. 3001; T.; Lv. 3071: ; Lv. 3119: .

TRADUCTION

Ce grand dieu arrive ensuite[1] dans l'Oïr-nes, qui a 309 lieues de longueur et 120 de largeur.

Ames de l'Hadès est le nom des dieux qui sont dans cette contrée. Celui qui connaît leurs noms, il est avec eux ; ce grand dieu lui attribue des champs qui seront leur place[2] dans la contrée de l'Oïr-nes ; il se tient avec les dieux qui sont debout, il marche à la suite de ce dieu grand, il entre en terre, il pénètre dans l'Hadès, il ouvre la chevelure des dieux qui portent la tresse[3], il marche sur le Mangeur-d'Ane[4], après la répartition des domaines vides, il mange

1. La conjonction [hiéroglyphes] (ou [hiéroglyphes]) se place le plus souvent, au moins dans les textes les plus anciens, après le mot auquel elle se rapporte. Le plus fréquemment, elle entre dans la composition des titres de l'Ancien-Empire. Voir de Rougé, *Mémoire sur les monuments des six premières dynasties*, p. 36, note 1, et d'autres exemples, p. 58, 59, 109. — Brugsch, *Reconstit. du Calendrier*, p. 70 : [hiéroglyphes], en l'année...

2. C'est-à-dire des dieux de l'Hadès ; c'est une identification du mort avec ces dieux.

3. Cette expression obscure nous rapporte à l'ancien mythe des quatre enfants d'Horus, les quatre piliers de l'horizon, représentant les points cardinaux. Ils sont ou bien les tresses qui pendent de la tête d'Horus, ou bien des dieux eux-mêmes munis de tresses. Ces génies étaient adorés dès l'Ancien-Empire, et nous trouvons des invocations adressées à eux dans *Pepi I*, 436-440 (*Rec. Trav.*, VII, 166) et *Mirinri I*, 649-656 (*Rec. Trav.*, XV, 17). Ici, cette expression indique probablement une des phases de la course du mort qui, pour pénétrer dans l'autre monde, doit dépasser les piliers qui soutiennent le ciel.

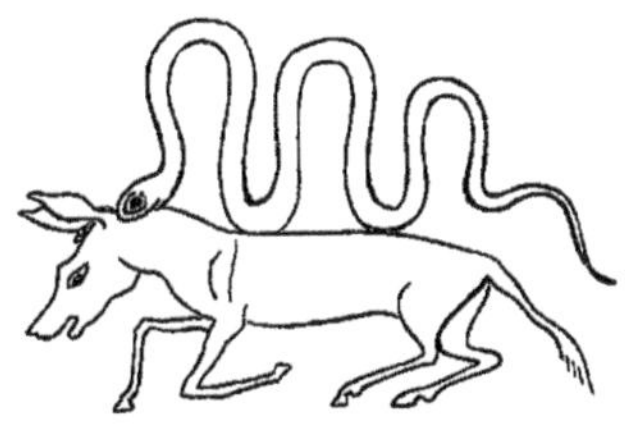

4. Ce dieu est représenté ici sous la forme d'un dieu momie à tête de bœuf, assis et armé d'un glaive, tandis qu'au *Livre des Morts*, nous le

des pains (destinés) à la barque de la terre[1], on lui donne le parfum de Totoubi.

Celui qui fait en peintures ces âmes de l'Hadès à l'image de ce qu'elles sont dans la maison cachée de l'autre monde (le commencement des tableaux est à l'Ouest), celui qui leur fait des offrandes sur terre, en leurs noms, cela lui sera utile sur la terre, en vérité, des millions de fois.

Celui qui connaît ces paroles que les dieux de l'Hadès adressent à ce grand dieu et les paroles qu'il leur répond, dans sa montée au travers de l'autre monde, cela lui sera utile sur terre, en vérité.

Le nom de l'heure de la nuit qui guide ce grand dieu dans cette contrée est : *L'habile à défendre son seigneur.*

---

trouvons sous la forme du serpent osirien, sur le dos de l'âne qu'il dévore et qui n'est autre qu'une forme de Set. (Voir *Todt.*, éd. Naville, pl. LIV.) Il suffit de prouver à ce reptile qu'on n'est pas ennemi d'Osiris pour qu'il soit inoffensif. L'âne est en effet, un des principaux animaux typhoniens; au *Papyrus Ebers*, son nom est toujours écrit de la manière suivante  ; il en est de même dans plusieurs autres textes. Une tradition bien connue, qui nous est rapportée par Plutarque, dit aussi qu'on sacrifiait à Set des ânes roux.

1. Cette description des félicités qui attendent l'âme bien instruite est très obscure pour nous, cette clause-ci surtout. Nous trouvons cependant le nom de *Barque de la Terre* donné à un objet singulier, une poutre munie de têtes de bœufs à ses extrémités, dans l'intérieur de laquelle doit passer la barque solaire (comme au travers du grand serpent, à la XIIe heure de notre texte) dans le *Livre des Portes*. (Voir Sharpe et Bonomi, *Sarcoph. of Oimenephtah*, pl. II-III.)

TROISIÈME HEURE[1]

Ce pays-ci rentre encore sous la domination du même Osiris, mais si la zone précédente était plus spécialement destinée à servir d'habitation aux fidèles, ici, c'est la résidence du dieu lui-même, qui trône sur la rive du fleuve, sous huit formes différentes, représentées par autant de momies assises sur des trônes et coiffées, les premières de la couronne blanche, les autres de la couronne rouge ; ce sont : [illegible], [illegible], [illegible], [illegible], puis [illegible], [illegible], [illegible], [illegible], et en avant de ces derniers, deux autres formes stellaires d'Osiris, [illegible] et [illegible]. Entre ces deux groupes de dieux momies se tiennent toute une série de génies dont la plupart ont des têtes d'oiseaux et sont armés de glaives : ils représentent les [illegible], les combattants, ou plutôt les massacreurs, ceux qui exterminent les ennemis d'Osiris[2]. Parmi eux est une déesse, *celle qui enfante Ra*, et en tête de ce registre inférieur, le dieu Khnoum qui paraît exercer une surveillance générale.

En face, sur l'autre rive, des cynocéphales assis *sur leurs sables*[3], un bélier destructeur armé d'une épée, trois Anubis, dont un sous la forme d'un chacal étendu sur un naos, des personnages portant les pupilles des yeux d'Horus, une

---

1. Voir Lefébure, *Séti I*, IVe part., pl. XXXII-XXXV; Sharpe, *Egypt. Inscr.*, II, pl. XII-XIII; Lepsius, *Denkm.*, III, 135 (tombeau d'Aménophis III); *Descr. de l'Égypte*, *Antiquités*, t. V, pl. XL. — Étude sur cette heure: Maspero, *Hypogées royaux*, p. 38-45.

2. Le *Livre des Morts* consacre plusieurs chapitres destinés à permettre aux morts d'échapper au massacre des ennemis d'Osiris : ch. XLI, XLII, XLIII, L. Dans Naville, *Todtenbuch*, pl. LV, LVI, LVIII, LXIV.

3. Pour les personnages placés « sur leurs sables », voir la VIIIe heure de la nuit.

colonnette surmontée du signe de la chair (l'incarnation de la baguette magique) et enfin, conduits par deux Horus, une série de génies mâles et femelles, les uns momifiés, qui acclament Ra à son passage et se lamentent et pleurent quand il a disparu. Tous ces génies sont là pour protéger Osiris, soit par leurs incantations magiques, soit en anéantissant ses ennemis. Peut-être ce nome-ci avait-il aussi une population de fellahs, mais il n'en est fait aucune mention.

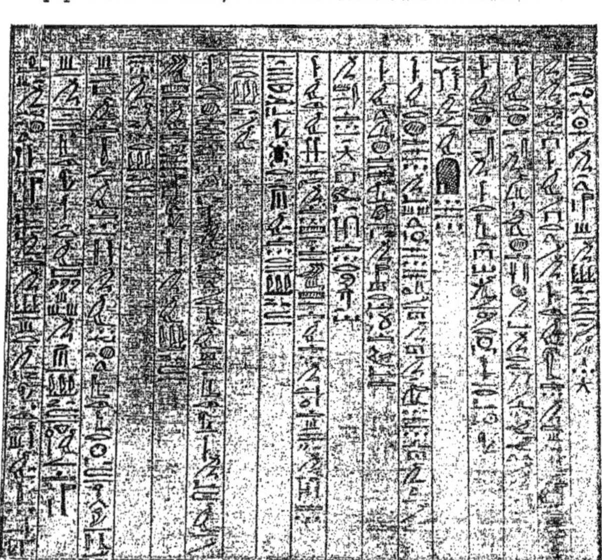

Pap. Berlin 3001, l. 27-43.

Quatre dieux, les bras emmaillotés, viennent à la rencontre du cortège qui précède la barque divine et se compose, encore cette fois-ci, uniquement de petites barques, mais au nombre de trois et conduites à l'aviron; elles sont montées chacune par Osiris sous une de ses formes secondaires, accompagné, outre les deux matelots, de deux autres génies et d'un serpent dressé tout droit sur sa queue.

C'est Ra lui-même qui a créé la population de ce nome, pour escorter et défendre Osiris. Au moment de son passage, tous ces génies viennent rendre hommage à leur suzerain pour les fiefs qu'ils tiennent de lui et recevoir encore, par la vertu des paroles magiques qu'il prononce, le renouvellement de leur existence.

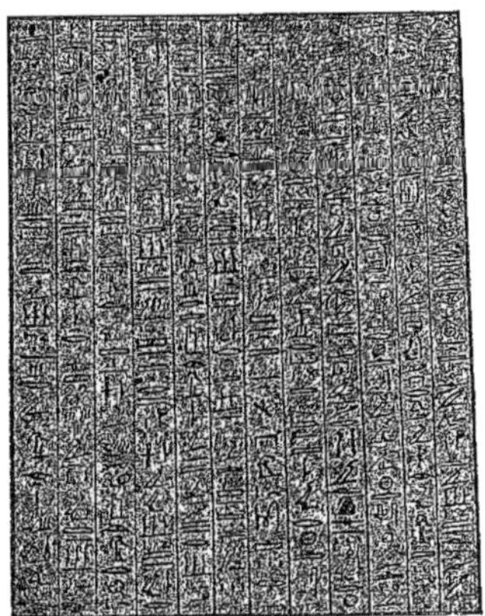

Pap. Leyde 71, l. 20-31.

TEXTES RENFERMANT LA TROISIÈME HEURE

1. Papyrus Berlin 3001, abrév., B. 3001.
2. Pap. Leyde 71 (inédit), Ld. 71.
3. Pap. Turin (éd. Lanzone, pl. VIII-IX), T.
4. Pap. Louvre 3071 (Pierret, *Études égyptologiques*, II, p. 106-108), Lv. 3071.
5. Pap. Louvre 3119 (inédit), Lv. 3119.
6. Pap. Leyde 72, Ld. 72.
7. *Tombeau de Séti I*er (Lefébure, IVe part., pl. XXIX-XXXI), S.

---

1. B. 3001: ; Lv. 3119, seulement : ...
2. Lv. 3071; Ld. 72, manque .
3. T.; Lv. 3071; Ld. 72: ; Lv. 3119: .
4. Ld. 72: .
5. S., manque; Lv. 3119; Ld. 71: .
6. B. 3001: ; S.: .
7. Ld. 71: ; Ld. 72: .
8. T.; Lv. 3071; Ld. 72: .
9. S.:
10. B. 3001; T.: ; S.: .
11. T.: .
12. Ensuite T. répète la phrase depuis: ...
13. Manque dans T.; Lv., 3071; Ld. 72.
14. Lv. 3119: ; B. 3001; T.; Lv. 3071; Ld. 72, manque.
15. Lv. 3071; Ld. 72: ; T.: .
16. T.; S., manque .
17. S. ajoute après .
18. S.: .
19. B. 3001, manque .
20. Lv. 3119, la phrase manque depuis jusqu'ici.

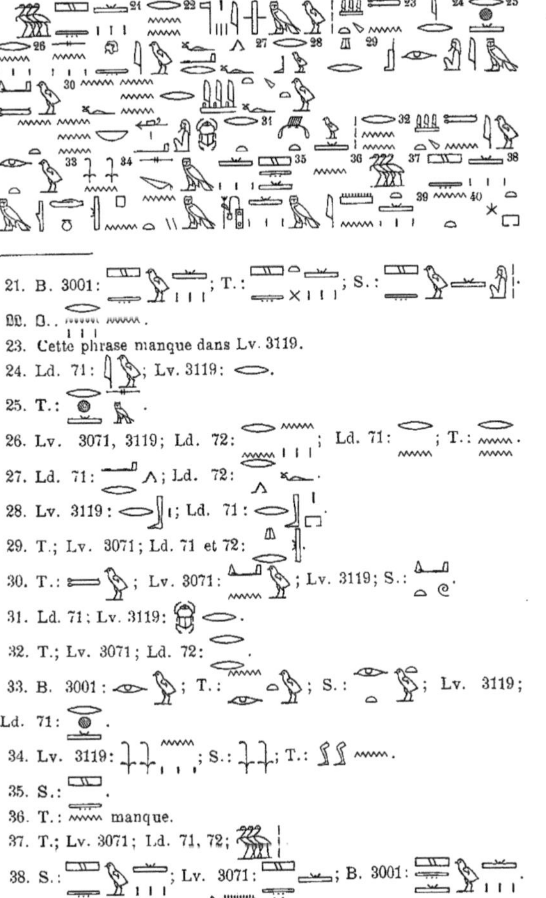

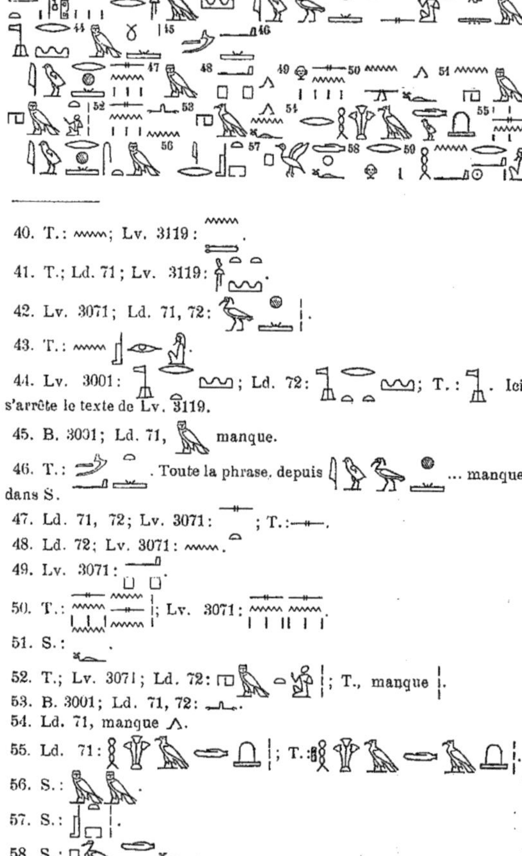

40. T.: ; Lv. 3119: .

41. T.; Ld. 71; Lv. 3119: .

42. Lv. 3071; Ld. 71, 72: .

43. T.: .

44. Lv. 3001: ; Ld. 72: ; T.: . Ici s'arrête le texte de Lv. 3119.

45. B. 3001; Ld. 71, manque.

46. T.: . Toute la phrase, depuis ... manque dans S.

47. Ld. 71, 72; Lv. 3071: ; T.: .

48. Ld. 72; Lv. 3071: .

49. Lv. 3071: .

50. T.: ; Lv. 3071: .

51. S.: .

52. T.; Lv. 3071; Ld. 72: ; T., manque .

53. B. 3001; Ld. 71, 72: .

54. Ld. 71, manque .

55. Ld. 71: ; T.: .

56. S.: .

57. S.: .

58. S.: .

59. T.; Lv. 3071; Ld., manque ; Ld. 71, manque .

TRADUCTION

Ce grand dieu arrive ensuite dans la contrée des Massacreurs[1]; il traverse l'ouadi d'Osiris qui a 309 (ou 480) lieues de longueur et 120 de largeur. Ce dieu grand adresse des paroles aux dieux qui sont à la suite d'Osiris pour cette cité, il leur attribue des champs pour cette contrée.

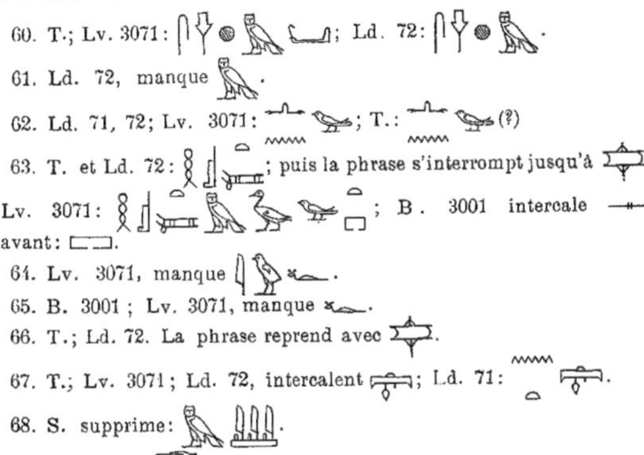

60. T.; Lv. 3071 : ; Ld. 72 : .

61. Ld. 72, manque .

62. Ld. 71, 72; Lv. 3071 : ; T. : (?)

63. T. et Ld. 72 : ; puis la phrase s'interrompt jusqu'à ; Lv. 3071 : ; B. 3001 intercale avant : .

64. Lv. 3071, manque .

65. B. 3001 ; Lv. 3071, manque .

66. T.; Ld. 72. La phrase reprend avec .

67. T.; Lv. 3071; Ld. 72, intercalent ; Ld. 71 : .

68. S. supprime : .

69. Lv. 3071 : .

1. Ou *Vaillants*, comme traduit M. Maspero (*Hypogées royaux*, p.38). Le sens de est *champ de bataille* (voir Brugsch, *Zeitsch.*, 1876, p. 100 et *Dict.*, *Suppl.*, p. 490). Ici il s'agit évidemment des génies qui exterminent les ennemis d'Osiris.

Ames mystérieuses est le nom des dieux qui sont dans cette contrée. Celui qui connaît leurs noms sur terre, il monte vers le lieu où est Osiris et on lui donne de l'eau pour son territoire.

Eau du Seigneur unique, devenir des richesses est le nom de cette contrée. Celui qui fait ces représentations des âmes mystérieuses à l'image des tableaux de la maison mystérieuse de l'autre monde (le commencement des peintures est à l'Ouest), cela sera utile à cet homme sur terre, dans la nécropole, en vérité.

Celui qui les connaît en passant sur elles s'avancera (à travers) leurs rugissements et ne tombera pas dans leurs fournaises.

Celui qui connaît cela, étant à l'état de gardien de place, son pain sera sur sa face, avec Ra[1].

Celui qui connaît cela, étant à l'état d'âme lumineuse, il est en possession de ses jambes, et n'entre jamais dans le lieu de destruction ; il sort en ses formes, en respirant[2], pour son heure.

Le nom de l'heure de la nuit qui guide ce dieu dans cette contrée est : *la pourfendeuse des âmes.*

---

1. Cette clause se rapporte à la vie du double dans le tombeau, où le mort, s'il est bien instruit, jouit de toutes les provisions nécessaires, tandis que la clause suivante retrace l'état de son âme, qui circule à son gré à travers les mondes terrestres et infernaux. Ces deux phrases ne sont qu'un développement des deux précédentes, où la vie de l'âme s'oppose aussi à la vie du double. — Pour les offrandes apportées au double, voir le ch. CV du *Livre des Morts.* (*Todtenbuch*, éd. Naville, pl. CXVII.)

2. [hiéroglyphes], littéralement : en goûtant les souffles. Voir Brugsch, *Dict.*, *Suppl.*, p. 1325.

QUATRIÈME HEURE[1]

L'enfer de Sokaris, où nous pénétrons avec la quatrième heure, doit avoir été primitivement un enfer complet dont on aura, pour les besoins de notre texte, réduit les douze heures au nombre de deux. C'est dans ces quelques lignes que nous avons le plus grand nombre de détails sur le dieu des morts de Memphis, qui a joué un si grand rôle aux origines de la civilisation égyptienne, mais dont fort peu de monuments sont parvenus jusqu'à nous.

Cet enfer étrange, dont la physionomie diffère tant des autres parties de l'Hadès, n'est plus une contrée fertile et bien arrosée où les mânes vivent dans un état relativement heureux : c'est un désert immense, ténébreux, extraordinaire, où de monstrueux serpents rampent presque seuls, faisant leurs rondes ; à peine y trouvons-nous quelques génies ayant une forme plus ou moins humaine. La barque solaire, à son passage, ne traverse pas toute la contrée au vu et su de tous ; elle doit se glisser par des chemins étroits, des couloirs entrecoupés de portes, couloirs que les Égyptiens ont représentés naïvement, coupant en oblique les trois registres l'un après l'autre, après avoir longé un moment le sol de chacun d'eux. Quant à la barque, ils l'ont mise à sa place ordinaire, au registre médial, se bornant à inscrire dans les couloirs que c'est par là qu'elle devait passer ; ces inscriptions sont en double, en deux écritures différentes, dont l'une, simple cryptographie à l'usage des prêtres, probablement, est encore fort peu connue.

---

1. Voir Lefébure, *Tombeau de Séti I*[er], Ire part., pl. XXIII-XXV ; Sharpe, *Egypt. Inscr.*, II, pl. XI. — Étude sur cette heure : Maspero, *Hypogées royaux*, p. 45-54.

Le dieu mort a toujours le même entourage, mais comme il n'y a plus de fleuve sur lequel il peut naviguer, la barque n'a plus de raison d'être et a pris la forme la plus pratique pour glisser sur le sable, celle d'un serpent dont les deux têtes se recourbent en arrière, comme la proue et la poupe d'une barque ordinaire. Pour avancer, elle doit être traînée à la corde par quatre personnages, des formes d'Anubis, le chacal haleur ; peut-être ne sont-ils ici que grâce à un de ces calembours si chers aux Égyptiens qui n'ont pu s'empêcher de mettre l'un à côté de l'autre les mots *staou* couloirs, et *staou* halage[1]. Devant ces haleurs, quelques personnages forment le cortège, parmi lesquels figurent Hor et Thot supportant à eux deux un grand *oudja*, qui n'est pas ici l'œil d'Horus, mais est identifié au dieu du nome, à Sokaris. Plus loin, quatre divinités viennent à la rencontre de Râ, lui apportant les signes de la vie.

Cette heure n'a guère pour habitants, comme nous l'avons dit plus haut, que des serpents, monstres qui ont quelquefois deux ou trois têtes, ou sont munis de grandes ailes, perchés sur des jambes humaines, couchés sur des barques ; ils font des rondes à travers ces déserts et souvent ils ont à côté d'eux un génie gardien. Le dernier serpent, à l'extrémité du registre inférieur, porte sur son dos quatorze têtes humaines accompagnées de disques et d'étoiles — représentant les divinités protectrices des quatorze jours d'un demi-mois lunaire — vers lesquelles s'avance en courant le dieu Khepra, suivi de Mâat. En face, deux déesses représentant le Nord et

---

1. De même que la nécropole memphite, l'enfer de Sokaris est habituellement appelé , nom tiré des couloirs et qui vient, comme le dit M. Maspero, de la forme des tombes memphites et de leurs longs couloirs taillés dans le roc. Ces couloirs aboutissent à l', la caverne, nom que cette contrée porte aussi dans nos textes (B. 3001, l. 48). Le chapitre XVII du *Livre des Morts* nous donne la situation géographique du Ro-Staou, en nous disant que *sa porte méridionale se trouve à An-Routef et sa porte septentrionale au domaine d'Osiris* (*Todtenbuch*, éd. Naville, pl. XXIII, l. 24). *An-Routef* est le nom de la nécropole de *Hnès* (voir Brugsch, *Dict. géogr.*, p. 346-347).

le Sud, et quelques divinités parsemées, aux noms inconnus ailleurs.

Dans ce nome, la position des fidèles du dieu, si tant est qu'il y en ait eu pour l'habiter, est encore plus effacée que dans les autres. Il n'en est fait dans le texte aucune mention.

Pap. Berlin 3001, l. 44-54.

TEXTES RENFERMANT LA QUATRIÈME HEURE

1. Papyrus Berlin 3001, abrév., B. 3001.
2. Pap. Leyde 71 (inédit), Ld. 71.
3. Pap. Turin (éd. Lanzone, pl. IX), T.
4. Pap. Louvre 3071 (Pierret, *Études égyptologiques*, II, p. 108-109), Lv. 3071.

5. Pap. Leyde 72 (inédit). Ld. 72.

6. Tombeau de Séti Ier (Lefèbure, IVe part., pl. XXXI-XXXIII), S.

Pap. Leyde 71, l. 32-39.

1. Ld. 71, manque.
2. Ld. 71.:
3. T.; Lv. 3071; Ld. 72, ajoutent:
4. T.: ; Ld. 71:
5. S.:
6. T.: ; Ld. 71. ; Lv. 3071:
7. T.; Ld. 72: ; Ld. 71:
8. T.; Ld. 71: ; Lv. 3071, manque

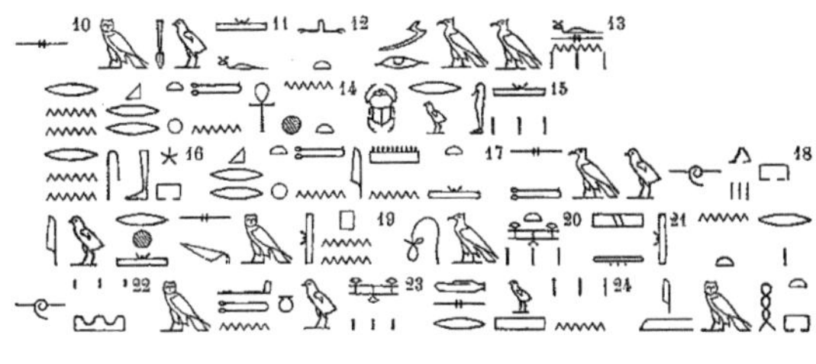

9. T.: ; Lv. 3071: ; Ld. 71: .

10. T.: ; Ld. 71: .

11. S.: ; T.: .

12. T.; Ld. 71.: ; S.: .

13. Ld. 71.: .

14. Ld. 71, 72; T.; Lv. 3071: .

15. Ld. 71; T.: ; S.: .

16. T.: ; Lv. 3071: ; Ld. 71, 72, ajoutent aussi .

17. Ld. 71: .

18. B. 3001: .

19. T.; Lv. 3071; Ld. 72: .

20. T.: .

21. S.: ; B. 3001: ; Ld. 72: ; Lv. 3071: .

22. Lv. 3071; Ld. 71, 72: ; S.: .

23. Ld. 72; T.; Lv. 3071, manque: .

24. T.; Lv. 3071: ; Ld. 71: ; S: .

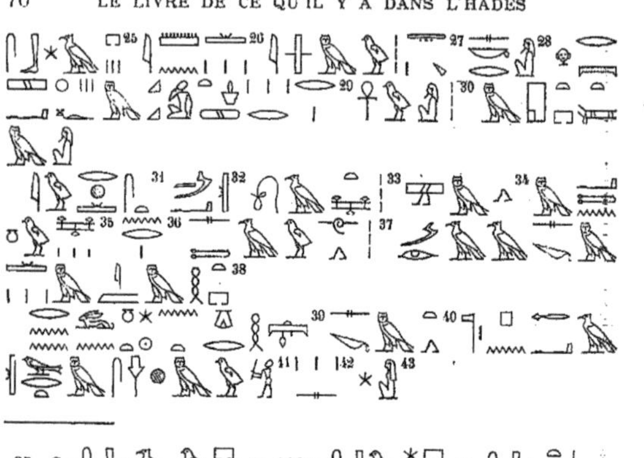

25. S.: ; B. 3001: ; T: .

26. B. 3001: ; S.: ; Ld. 71: .

27. Ld. 71: .

28. T.: ; S.: .

29. Lv. 3071: ; S.: .

30. T.: .

31. T.: .

32. B. 3001; Ld. 71; Lv. 3071: ; S.: .

33. T.: .

34. S.; Ld. 71: .

35. B. 3001: ; Lv. 3071: .

36. T.; Lv. 3071; Ld. 72, manque .

37. S. ajoute ; B., 3001: au lieu de ; Ld. 71: .

38. S.: ; B. 3001: ; T.: .

39. T.: ; S.: ; Ld. 71: .

TRADUCTION

La Majesté de ce grand dieu arrive ensuite dans le cercle[1] mystérieux de l'Amenti, faisant les affaires des dieux qui y sont, par sa voix, sans les voir.

Le nom de ce cercle est: *la Vivante de formes*[2].

Le nom de la porte de ce cercle est: *celle qui cache des couloirs.*

Celui qui connaît cette image des chemins mystérieux du Ro-Staou, des voies compliquées de la caverne[3], des portes

---

40. B. 3001: [hiéroglyphes]; T.: [hiéroglyphes]; Lv. 3071; Ld. 72: [hiéroglyphes].

41. T.: [hiéroglyphes].

42. Ld. 71: [hiéroglyphes].

43. S.: [hiéroglyphe]; T.: [hiéroglyphes].

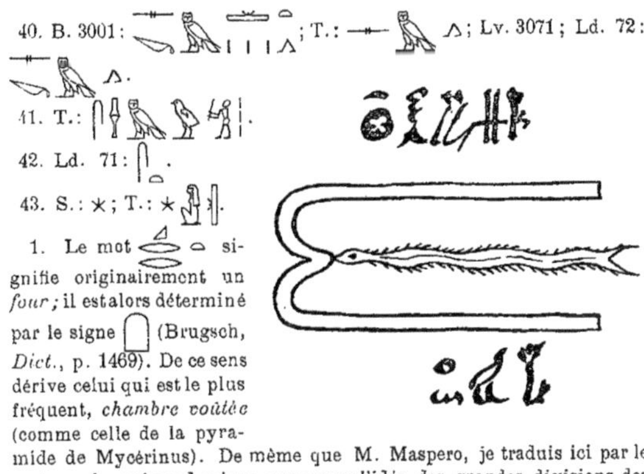

1. Le mot [hiéroglyphes] signifie originairement un *four;* il est alors déterminé par le signe [hiéroglyphe] (Brugsch, *Dict.*, p. 1469). De ce sens dérive celui qui est le plus fréquent, *chambre voûtée* (comme celle de la pyramide de Mycérinus). De même que M. Maspero, je traduis ici par le mot *cercle*, qui rend mieux pour nous l'idée des grandes divisions des Enfers.

2. Ou *la Vie des formes* (ou des êtres), suivant la variante [hiéroglyphes] dans Ld. 71, 72; Lv. 3071; T.

3. L' [hiéroglyphes] est une grotte, une caverne où se tiennent les mânes; c'est là qu'aboutit le Ro-Staou. Cette conception est très ancienne et se rattache aux plus vieilles croyances memphites. Les textes du Sérapeum en parlent continuellement, ainsi que des dieux et déesses qui l'habitent, sans toutefois donner de description de ce lieu. (M. Chassinat, qui prépare une édition complète des textes du Serapeum, a bien voulu me communiquer ses notes à ce sujet.) Le *Livre des Morts* fait de l'Ammahit la sixième des quatorze îles de l'Amenti et en donne la curieuse représentation ci-dessus (chap. CXLIX. Voir *Tod-*

cachées qui sont dans la terre de Sokaris, le dieu qui est sur ses sables, (celui-là est) à l'état de mangeur des pains faits pour la bouche des vivants dans le temple de Toum[1].

Celui qui sait cela est à l'état de connaisseur des chemins[2], parcourant les voies du Ro-Staou, voyant les images de la caverne.

Le nom de l'heure de la nuit qui guide ce dieu grand est : *la grande dans ses violences.*

---

tenbuch, éd. Naville, pl. CLXIX, l. 36-40). Voir aussi un texte de Dendérah publié par M. Loret : (*Recueil de Travaux*, IV, p. 29).

1. Nous avons de nouveau ici une image de la vie du *ka* dans le tombeau, où on doit lui offrir des aliments matériels, comme à un vivant.

2. Littéralement : exact de chemins.

CINQUIÈME HEURE[1]

Plus important que le précédent, ce nome infernal est le centre du territoire sokarien. Le dieu y réside, enfermé dans une montagne de sable : au milieu de son domaine s'élève un monticule surmonté d'une tête humaine et c'est là-dessous que Sokaris se tient *sous sa forme première*. Dans une

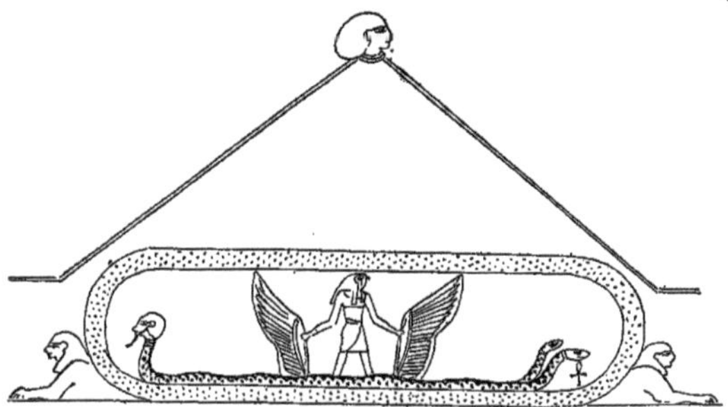

sorte de caverne, de forme elliptique, entourée d'une muraille de sable, s'étend un long serpent à trois têtes, dont l'une humaine ; sur son dos, deux grandes ailes d'épervier, entre lesquelles se dresse, comme s'il faisait partie du reptile, les pieds engagés dans ses replis, la figure de Sokaris, un dieu hiéracocéphale. Comme gardiens de cette retraite, on voit issir à mi-corps, des deux extrémités de la zone de sable, des sphinx couchés[2].

1. Voir Lefébure, *Tombeau de Séti Ier*, Ire part., pl. XXVI-XXIX ; Sharpe, *Egypt. Inscr.*, II, pl. V-IX. — Étude sur cette heure : Maspero, *Hypogées royaux*, p. 54-60.

2. Cette représentation de deux sphinx à mi-corps, adossés, se rapproche beaucoup de la forme des lions , qui se retrouvent dans

Comme dans l'autre nome sokarien, nous retrouvons ce mystérieux couloir qui est le chemin de la barque solaire, mais cette fois, il ne traverse plus tout le tableau : après la première porte, le couloir monte jusqu'au-dessus du registre inférieur, le longe jusqu'à la hauteur du tumulus de Sokaris, derrière lequel il paraît se perdre, pour reparaître de l'autre côté, allant toujours dans la même direction, puis redescendre jusqu'à la porte extérieure. De cette manière, le registre inférieur, complètement séparé du reste du tableau, paraît être une partie souterraine du nome, avec la crypte du dieu comme centre, et ses gardiens seuls comme habitants : deux longs serpents et quatre génies accroupis qui sont des formes de Sokaris et portent sur leurs genoux les emblèmes de sa divinité et de sa souveraineté, tête de bélier, double plume, couronne blanche et couronne rouge. Au-dessous de la zone souterraine s'étend un long bassin d'où sortent quatre têtes surmontées de flammes, probablement des âmes de réprouvés, châtiées pour s'être aventurées trop loin, et pour lesquelles *l'eau est comme du feu;* ils crient de douleur quand le dieu passe au-dessus d'eux[1].

Cet étang brûlant a ses gardiens représentés au nombre de cinq, au registre supérieur, devant neuf haches plantées en terre et symbolisant une ennéade divine, vers lesquelles

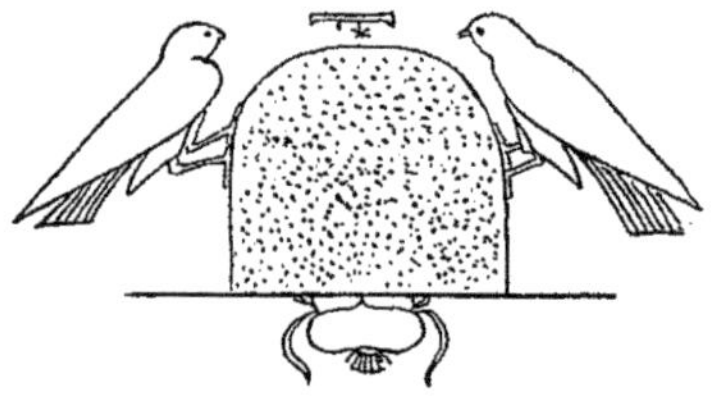

la même position dans certains textes mythologiques. Voir par exemple, Champollion, *Not. descr.*, II, p. 584-586, ainsi que les papyrus du Louvre 3276 et de la Bibliothèque Nationale.

1. Pour traverser les étangs d'eau bouillante de l'Hadès, il fallait être muni du chap. LXIII *b* du *Livre des Morts*. (Voir Naville, *Todtenbuch*, pl. LXXIV.)

une déesse Amentit étend les bras. En face de la pyramide qui recouvre le tombeau de Sokaris, une chambre voûtée, remplie de sable, représente la nuit. C'est de là que sort le

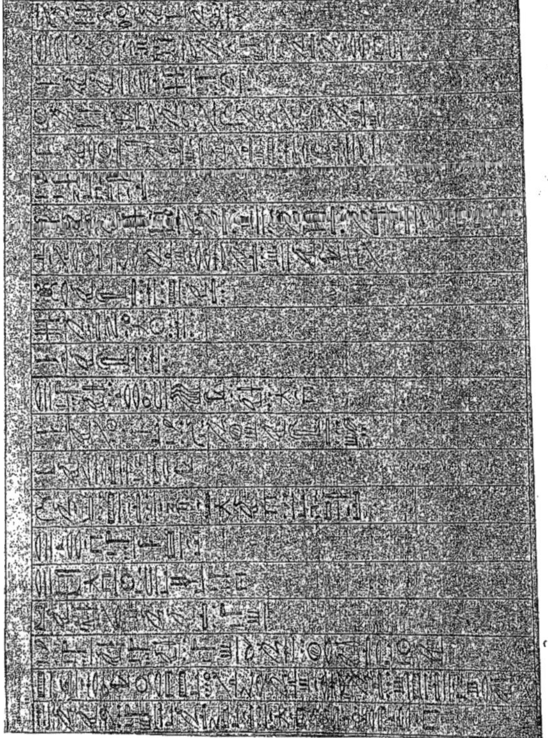

Pap. Berlin 3001, l. 55-75.

scarabée qui ira se placer sur la barque de Ra et ranimer le soleil mort. Autour de cette chambre, un serpent gardien à deux têtes fait sa ronde, puis vient une série de génies chargés de châtier et de détruire les morts arrivés jusqu'à cette contrée inhospitalière sans avoir les moyens de la traverser; devant eux, une déesse extermine de ses propres mains un homme qui est dans cette condition.

Afou, toujours dans sa barque-serpent, est halé maintenant par sept dieux et sept déesses, les divinités du demi-mois lunaire, que nous avons vu arriver de l'heure précédente sur le dos du serpent Mennou. En avant du cortège marche la déesse Isis-Amentit suivie de quatre personnages portant des bâtons et sceptres divers, voire même un arbre entier.

Pap. Leyde 71, l. 40-49.

A l'extrémité du couloir, à l'endroit où la porte fermée est gardée par un serpent, se trouve représentée l'étoile du matin, *le dieu vivant qui marche, marche et passe*, la planète Vénus, qui précède le lever du soleil. Ce fait, joint à la représentation du scarabée sortant de la nuit pour se placer sur la barque divine, nous montre bien que le domaine de Sokaris, quoique réduit à deux heures qu'on a intercalées à leur place géographique, représentait un enfer complet, finissant avec le lever du soleil.

TEXTES RENFERMANT LA CINQUIÈME HEURE

1. Papyrus Berlin 3001, abrév., B. 3001
2. Pap. Leyde 71 (inédit), Ld. 71
3. Pap. Turin (éd. Lanzone, pl. IX-X), T.
4. Pap. Louvre 3071 (Pierret, *Études égyptologiques*, II, p. 109-111), Lv. 3071
5. *Tombeau de Séti Ier* (Lefébure, IVe part., pl. XXXIII-XXXV), S.

1. Ld. 71 ; T :
2. B. 3001 : manque ; Ld. 71 : ; T. :
3. Ld. 71 ; T. :
4. Lv. 3071 : .
5. S. : .
6. S. : ; Ld. 71 ajoute .
7. Ld. 71 : ; T. ; Lv. 3071 : .
8. Ld. 71 : ; T., manque.
9. T. ; S. : ; B. 3001 : .
10. B. 3001 ; S. : ; Ld. 71 ; T. : .
11. B. 3001 : ; S. : ; T. : .

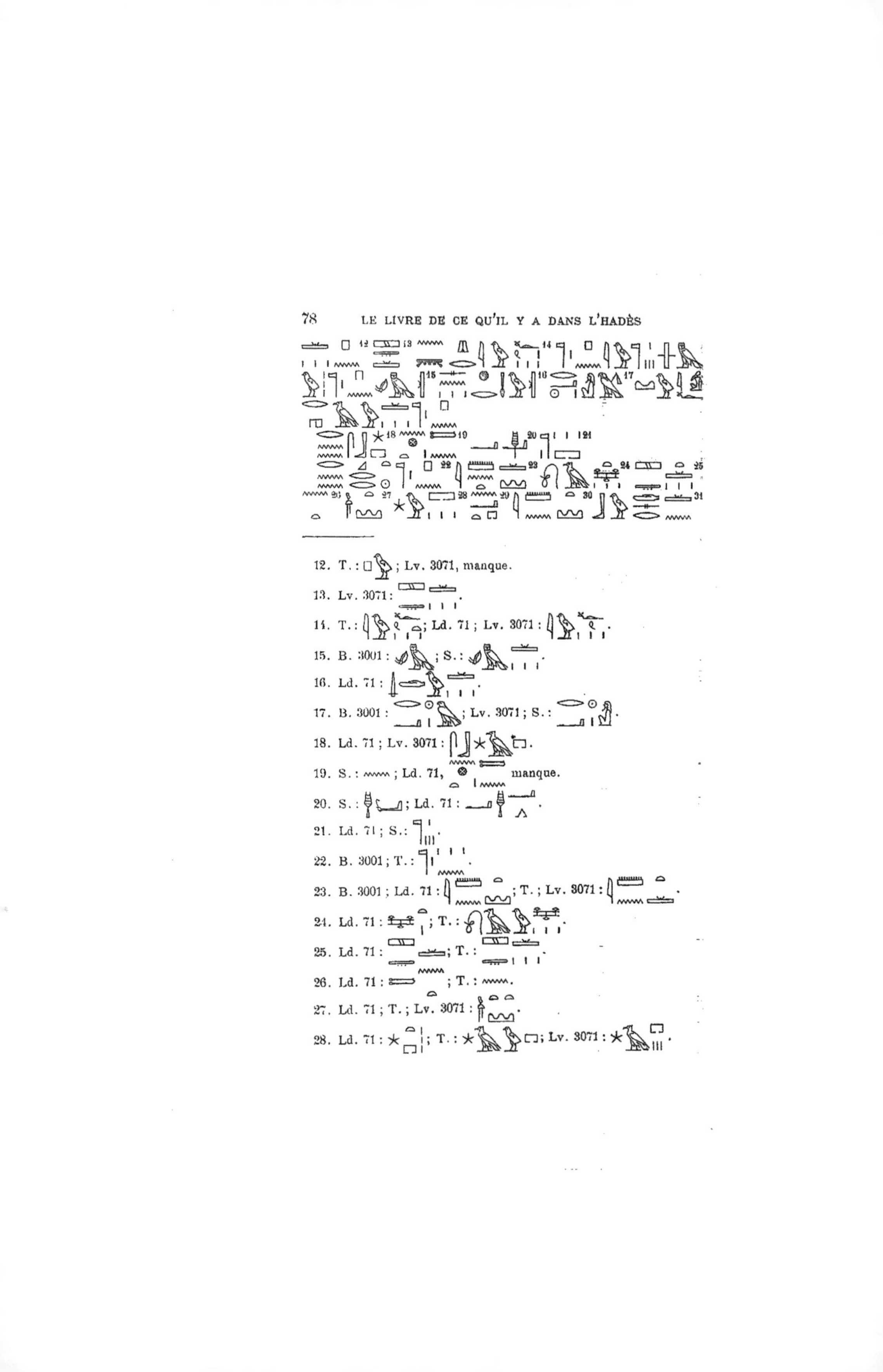

12. T. : ; Lv. 3071, manque.

13. Lv. 3071 : .

14. T. : ; Ld. 71 ; Lv. 3071 : .

15. B. 3001 : ; S. : .

16. Ld. 71 : .

17. B. 3001 : ; Lv. 3071 ; S. : .

18. Ld. 71 ; Lv. 3071 : .

19. S. : ; Ld. 71, manque.

20. S. : ; Ld. 71 : .

21. Ld. 71 ; S. : .

22. B. 3001 ; T. : .

23. B. 3001 ; Ld. 71 : ; T. ; Lv. 3071 : .

24. Ld. 71 : ; T. : .

25. Ld. 71 : ; T. : .

26. Ld. 71 : ; T. : .

27. Ld. 71 ; T. ; Lv. 3071 : .

28. Ld. 71 : ; T. : ; Lv. 3071 : .

---

29. T. : .

30. T. : ; S. : .

31. Lv. 3071 : .

32. Lv. 3071 : manque ; S. : manque.

33. T. ; S. : .

34. B. 3001 : ; Lv. 3071 ; S. : .

35. T. : ; Lv. 3071 : ; S. : .

36. B. 3001 : ; Ld. 71 ; T. : .

37. Ld. 71 : ; T. ; Lv. 3071 : .

38. Ld. 71 : manque.

39. T. ; Lv. 3071 : manque.

40. B. 3001 ; Lv. 3071 : ; T. : ; S. : .

41. T., manque : .

42. T. : .

43. Ld. 71 : ; T. : ; Lv. 3071 : .

44. Ld. 71 : ; T. : .

45. L. 71 ; S. : .

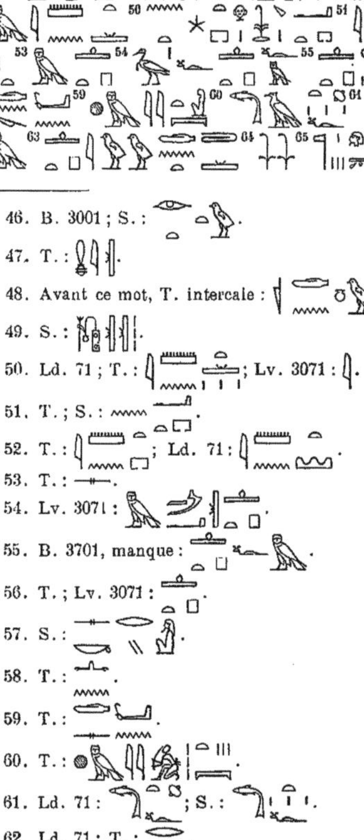

46. B. 3001 ; S. :
47. T. :
48. Avant ce mot, T. intercale :
49. S. :
50. Ld. 71 ; T. : ; Lv. 3071 :
51. T. ; S. :
52. T. : ; Ld. 71 :
53. T. :
54. Lv. 3071 :
55. B. 3701, manque :
56. T. ; Lv. 3071 :
57. S. :
58. T. :
59. T. :
60. T. :
61. Ld. 71 : ; S. :
62. Ld. 71 ; T. :
63. T. ; Lv. 3071 : manque.
64. Ld. 71 : ; T. :
65. Ld. 71 ; S. :

TRADUCTION

Ce grand dieu est halé sur les chemins vrais de l'Hadès, en la moitié supérieure du cercle mystérieux de Sokaris, le dieu qui est sur ses sables, sans voir ni distinguer cette figure mystérieuse de la terre où sont les chairs de ce dieu. Les divinités qui sont avec ce dieu entendent la voix de Ra qui incante du côté de la retraite[1] de ce dieu.

Le nom de la porte de cette cité est: *le pilier*[2] *des dieux.*

Le nom du cercle de ce dieu est: *la cachette.* (Il comprend) les chemins mystérieux de l'Amenti, les portes de la maison cachée, le labyrinthe[3] de la terre de Sokaris, ses chairs, ses membres, son corps, dans leur forme première.

Le nom des dieux qui sont dans ce cercle est: *les âmes qui sont dans l'Hadès.* Leurs formes qui sont dans leurs heures[4], leurs êtres mystérieux ne connaissent, ne voient ni ne distinguent cette forme de Sokaris[5] lui-même.

---

66. Ld. 71 : .

67. T. : ; Lv. 3071, manque.

68. Lv. 71 ; T. : .

69. Lv. 71 : ; T. : .

1. Le mot indique un point fixe dans l'espace ou dans le temps. (Voir Brugsch, *Dict.*, p. 888.) Ici il ne peut s'agir que de l'endroit où se tient Sokaris.

2. Voir Brugsch, *Dict.*, p. 928, au mot ; ce sens de pilier est celui qui paraît le mieux convenir, comme nom de porte, de tous les mots dérivés de la racine .

3. Littéralement : le lieu habilement disposé.

4. Cette expression indique une fois de plus que nous avons affaire ici à la population de plusieurs heures condensées en une seule.

5. Le dieu dont il s'agit ici et qui est nommé , est évidemment Sokaris, qui, du reste est généralement représenté avec une tête d'éper-

Celui qui fait ces choses à l'image de ce qui est dans les tableaux de la maison cachée de l'Hadès, au midi de la maison cachée, celui qui sait cela est en paix, son âme se joint aux offrandes de Sokaris, Khemit ne détruit pas son corps, il s'avance sur elle en paix. Celui qui fait des offrandes à ce dieu (cela lui sera utile) sur terre [1].

Le nom de l'heure de la nuit qui guide ce grand dieu dans ce cercle est : *la conductrice au milieu de sa barque.*

---

vier. En outre, dans l'écriture mystérieuse qui couvre les couloirs de cette heure, on trouve le nom de Sokaris écrit [hiéroglyphe]. (Voir Lefébure, *Séti Ier*, Ire part., pl. xxvi, reg. inf.)

1. Cette formule se retrouve plusieurs fois dans ce texte, mais écrite en entier. Le fait qu'ici elle se trouve très abrégée dans toutes les variantes montre clairement que tous nos exemplaires de ce livre proviennent d'un archétype unique. Peut-être faut-il la lire de la même manière que celle de la IIe heure. (B. 3001, l. 21.)

SIXIÈME HEURE[1]

Remontant toujours vers le nord, après Abydos et Memphis, nous nous trouvons dans le Delta, et en effet, pour cette heure et les trois qui vont suivre, c'est le cycle d'Osiris qui reprend, mais celui d'Osiris dieu de Busiris et de Mendès. C'est de nouveau une contrée paisible, où Ra agit en suzerain et comble de bienfaits les habitants en leur faisant parvenir des offrandes de toute espèce. Cette idée des offrandes qui revient si souvent dans ce texte, spécialement dans le nom du chef d'une des ennéades qui habitent le nome, et de toute une classe de mânes, pourrait faire rapprocher ce cercle-ci des champs d'*Hotep*, mentionnés dans d'autres textes religieux, de même que le deuxième cercle correspondrait aux champs d'Ialou.

Afou a repris possession de sa barque qui n'a plus besoin de se traîner comme un serpent sur les sables du désert, mais vogue de nouveau sur le fleuve. Ici, plus de procession ouvrant la marche au dieu. L'artiste a profité de cette circonstance pour représenter au registre central la chose la plus importante du nome, la *maison mystérieuse qui renferme l'image d'Osiris*, de manière à la mettre en évidence et à ne pas encombrer les deux autres registres, déjà surchargés de divinités. C'est une grande chambre à toit plat, très allongée, où se tiennent debout quatre groupes de quatre momies chacun, des rois de la Haute-Égypte, des morts munis de biens inaliénables ([hiéroglyphes]), des rois de la Basse-Égypte, et enfin de simples mânes ([hiéroglyphes]), les quatre classes de morts dignes d'entrer dans ce royaume de bienheureux. Ra, en passant,

1. Voir Lefébure, *Tombeau de Séti I*er, IVe part., pl. XXXIX-XLII; Sharpe, *Egyptian Inscriptions*, II, pl. V-IX; *Description de l'Égypte, Antiquités*, V, pl. XL. — Étude sur cette heure : Maspero, *Hypogées royaux*, p. 61-68.

leur adresse des paroles de bénédiction et les engage à lui prêter main-forte contre Apophis qu'il rencontrera sous peu.

Dans la même chambre, nous trouvons encore une singulière image du dieu Khepra, montrant nettement l'idée que se faisaient les Égyptiens de la renaissance de l'âme et de sa réunion au corps ; le signe des chairs 𓄹 𓄹 𓄹 sous ses pieds,

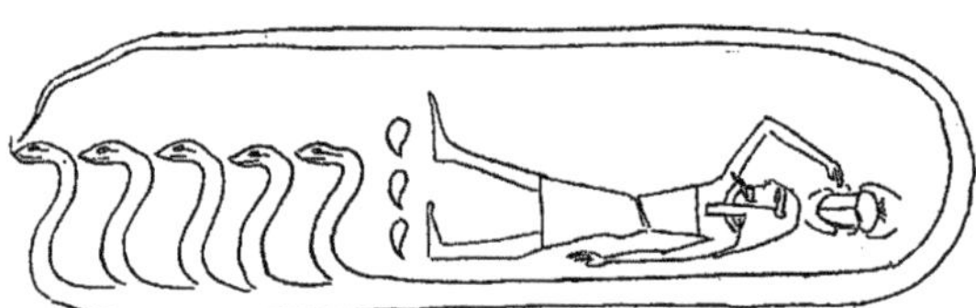

le dieu, saisissant un scarabée placé au-dessus de sa tête, est étendu sur le dos d'un grand serpent à cinq têtes, vers l'une desquelles vient aboutir sa queue, enveloppant ainsi le dieu de ses replis. A elle seule, cette image est un résumé de la doctrine contenue dans notre livre tout entier : c'est la transformation du dieu mort en un soleil nouveau, à l'abri de *Mehen*, le serpent protecteur, qui va, à l'heure suivante, monter sur la barque.

Entre la bari du dieu et la maison osirienne se trouve encore un Thot assis, à tête de cynocéphale, tendant un ibis à une déesse qui s'avance vers lui et tient derrière son dos les prunelles des yeux d'Horus.

Au registre supérieur sont représentés tout d'abord neuf dieux osiriens, et à leur tête le dieu des offrandes, tous dans la position de personnages assis, mais sans sièges pour les soutenir. Plus loin vient une neuvaine de rois, représentée par neuf sceptres 𓌂 surmontés alternativement de couronnes rouges, de couronnes blanches et d'uræus, et flanqués chacun d'une épée. Au-devant d'eux, un grand lion couché, surmonté de deux oudjas, et une déesse assise en l'air. Les dieux représentés ici sont les vassaux immédiats, les grands feudataires *propriétaires de leurs champs ;* c'est par leur entremise que les offrandes apportées par la puissance magique des paroles de Ra parviennent aux morts. L'ennéade des rois représente aussi des propriétaires, des fermiers qui moissonnent et cultivent eux-mêmes leurs champs.

Plus loin encore, un Horus enfant et un dieu momie montent la garde sur trois petites cabanes, cellas contenant chacune un emblème : tête humaine, aile d'épervier, arrière de lion. Chacune de ces cellules est percée d'une petite lucarne par laquelle regarde un serpent dressé sur sa queue et crachant du feu.

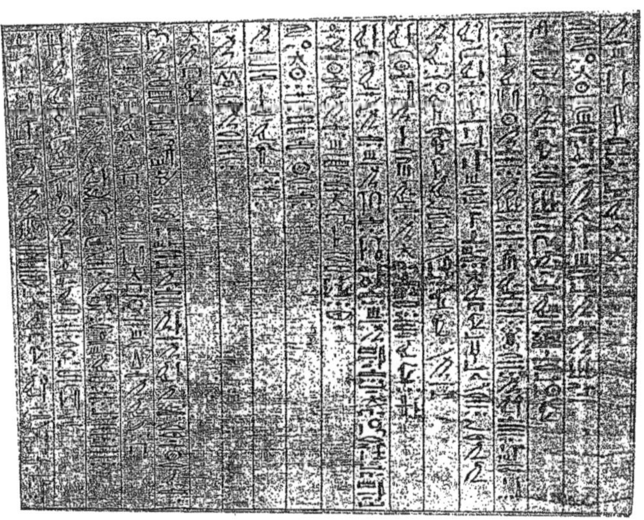

Pap. Berlin 3001, l. 77-94.

Sur l'autre rive, encore des séries de génies, sous la direction d'un dieu à tête de crocodile ; d'abord ce sont sept personnages debout, puis quatre déesses : tous ces génies sont censés suivre la barque de Ra, vivent et jouissent de leurs biens par l'effet magique de ses incantations ; ils ont pour rôle d'escorter les âmes des morts à travers ce cercle de l'Hadès. Devant eux se traîne le grand serpent *mangeur de mânes*, celui qui fait justice des ennemis de Ra, dans cette heure; il est invisible au dieu, mais les quatre têtes des enfants d'Horus qui se dressent sur son dos entendent les paroles magiques de Ra et en profitent. Puis viennent quatre formes d'Osiris, assises sans siège, auxquelles Ra ordonne de ressusciter et de s'unir à leurs corps. Enfin neuf serpents crachant des flammes et issant du sable, tout raides, armés chacun d'un couteau, représentent les grands dieux Totounen, Toum, Khepra, Schou, Seb, Osiris, Hor, Apou et Hotpou: ils sont aussi là comme destructeurs des ennemis du dieu qui voudraient s'opposer à la renaissance de Khepra, dont l'origine est en cette sixième heure de la nuit.

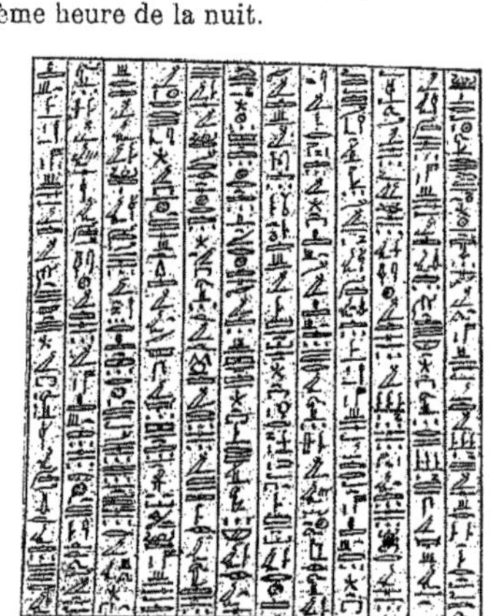

Pap. Leyde 71, l. 50-61.

TEXTES RENFERMANT LA SIXIÈME HEURE

1. Pap. Berlin 3001, abrév., B. 3001.
2. Pap. Leyde 71 (inédit), Ld. 71.
3. Pap. Turin (éd. Lanzone, pl. x-xi), T.
4. Pap. Louvre 3071 (Pierret, *Études égyptologiques*, II, 111-112), Lv. 3071.
5. *Tombeau de Séti I*[er] (Lefébure, IVe part., pl. xxxv), S.

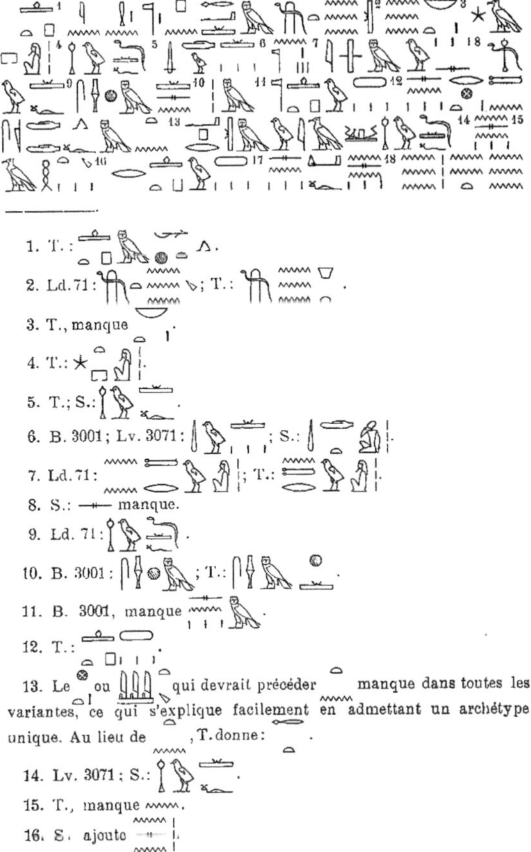

1. T. :

2. Ld. 71 : ; T. :

3. T., manque

4. T. :

5. T.; S. :

6. B. 3001; Lv. 3071 : ; S. :

7. Ld. 71 : ; T. :

8. S. : manque.

9. Ld. 71 :

10. B. 3001 : ; T. :

11. B. 3001, manque

12. T. :

13. Le ou qui devrait précéder manque dans toutes les variantes, ce qui s'explique facilement en admettant un archétype unique. Au lieu de , T. donne :

14. Lv. 3071; S. :

15. T., manque

16. S. ajoute

17. Ld. 71; T. :

18. T. répète

19. Ld. 71 : .
20. Toute la phrase presque illisible dans T.
21. Ld. 71 : ; T. : .
22. Ld. 71 ; T. : .
23. S. : . Tout ce membre de phrase illisible dans T.
24. Ld. 71 : .
25. Ld. 71 ; T. : .
26. T. : .
27. Ld. 71 : ; T. : .
28. Lv. 3071 : .
29. B. 3001 : ; Ld. 71 : ; T. : .
30. Ld. 71 : ; T. : .
31. Ld. 71 ; T. ; Lv. 3071 : .
32. B. 3001 : ; Ld. 71 : .
33. B. 3001 : ; Lv. 3071 : ; T. : .
34. T. : ; S. : .
35. S. ajoute ici
36. Ld. 71 ; T. : ; S. ajoute ici .

37. T.:

38. T.: ; les signes qui précèdent sont indécis. L. 3071 :

39. Lv. 3071: ; S.: .

40. Lv. 3071: .

41. T.: ; Lv. 3071: .

42. T.: .

43. Ld. 71 ; T.: .

44. Ld. 71 : .

45. T. remplace ces mots par... , etc.

46. S.: ; Ld. 71 : .

47. T.: .

48. Lv. 3071, manque.

49. T.; Lv. 71 : .

50. Ld. 71 : ; Lv. 3071; S.: ; T. : au lieu de .

51. Ld. 71 et S. ont seuls la version complète. B. 3001 et T. n'ont que , Lv. 3071, que .

52. S.: ; Lv. 3071, manque.
53. Lv. 3071 : .
54. Ld. 71 ; T. : .
55. Ld. 71 : ; T. : .
56. Ld. 71 ; T. ajoutent .
57. S. : .
58. Ld. 71 : ; T. : ; S. : .
59. Ld. 71 ; T. : .
60. T. ; S. : .
61. Lv. 3071 : .
62. T. : .
63. T. : .
64. T., manque.
65. Ld. 71 ; T. : ; S. : .
66. B. 3001 : ; S., manque ; T. : . Le texte de T. ne va pas plus loin pour cette heure.
67. B. 3001 ; Lv. 3071 : .
68. B. 3001 : ; S. : .

TRADUCTION

Lorsque ce grand dieu arrive dans l'abîme des eaux, maître des dieux de l'Hadès, il adresse des paroles aux dieux qui y sont, il ordonne qu'ils prennent possession de leurs biens[1] dans cette cité. Il navigue dans ce nome[2], muni de sa barque ; il leur octroie[3] des champs comme biens de main-morte, il leur donne de l'eau pour leurs bassins, en parcourant[4] l'Hadès, chaque jour.

Le nom de la porte de cette cité est : *la garnie d'épées.*

La route mystérieuse de l'Amenti, — dont ce grand dieu traverse l'eau à la rame, sur sa barque, en faisant les

---

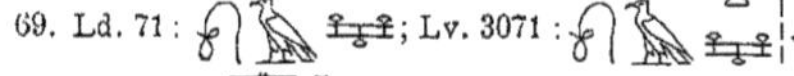

70. Lv. 3071 :

71. Lv. 3071 : manque.

72. Ld. 71 : ; Lv. 3071 : .

73. Lv. 3071 : .

1. Les sont non seulement des offrandes, au sens où nous entendons ce mot, mais toutes espèces de biens attribués au mort, à titre inaliénable, et correspondant à peu près aux biens de main-morte du moyen âge, ils comprennent aussi, selon la coutume orientale, les serfs, les fellahs, et non seulement les biens matériels. Plus exactement, ce seraient les biens *ouakf* des Arabes. (Voir Maspero, *Études égyptiennes*, II, 130 et suiv.)

2. Le mot qui manque dans toutes les variantes du texte abrégé, peut se restituer d'après l'édition illustrée (Lefébure, *Séti Ier*, IVe part., pl. XXXIX, légende au-dessus du tableau du registre central) ; suivi immédiatement du démonstratif est incompréhensible.

3. Littéralement : il leur ordonne.

4. Littéralement : pour le parcours de l'Hadès.

affaires des dieux de l'Hadès, — la réunion de leurs noms, l'état de repos[1] de leurs formes, leurs heures mystérieuses, (ce sont) des choses dont tous les hommes ne connaissent pas l'image mystérieuse[2].

Celui qui fait ces images en peinture à la ressemblance de ce qui est dans l'autre monde, au sud de la maison secrète, celui qui sait cela est à l'état de possesseur de richesses dans l'Hadès, il prend part[3] aux biens des dieux qui sont à la suite d'Osiris, et ses proches lui font des offrandes sur la terre.

La majesté de ce dieu prononce des paroles ; il donne des biens divins aux dieux de l'Hadès, il se tient debout auprès d'eux; ils le voient, ils prennent possession de leurs domaines, de leurs cadeaux, ils deviennent des gens auxquels le grand dieu a adressé des paroles magiques.

Abîme des eaux, maître de l'Hadès est le nom de cette région ; c'est le chemin de la barque de Ra.

Le nom de l'heure de la nuit qui guide ce grand dieu dans cette contrée est : *La Maspirit*[4], *gardienne des berges*[5].

---

1. Voir des exemples du mot [hiéroglyphes] dans Brugsch, *Dict.*, *Suppl.*, p. 585. Ce mot signifie *repos*, de même que son dérivé copte ⲙⲟⲧⲛ. (Voir Maspero, dans *Proceedings of S. B. A.*, XIII, 425.) Ici il s'agit des divinités que la version illustrée représente assises dans une position de repos.

2. Toute la phrase est rendue assez obscure, grâce à la position du mot [hiéroglyphes], dont le sens très général paraît se rapporter à tout ce qui précède. Le changement d'encre qui indique en général les alinéas ou les coupures des phrases, varie à cet endroit-ci dans les différents papyrus.

3. Littéralement : il se joint aux biens...

4. Ce nom de divinité est aussi appliqué à la dénomination du seizième jour du mois. (Voir Brugsch, *Dict.*, *Suppl.*, p. 642, d'après des textes de Dendérah et d'Edfou.)

5. Vu le nom de la contrée, ce dernier mot me paraît être celui que donne M. Brugsch (*Dict.*, *Suppl.*, p. 536), [hiéroglyphes] désignant la *rive*, la *berge* d'un lac ou d'un canal.

SEPTIÈME HEURE[1]

Ici, la traversée devient de plus en plus difficile : le fleuve n'est plus qu'un bas-fond, et le peu d'eau qu'il y a, Apophis menace de l'avaler et d'arrêter ainsi la course du soleil. Contre un ennemi aussi redoutable, il faut multiplier les précautions : le grand défenseur d'Afou, le serpent *Mehen*, remplace la charpente de la cabine où se tenait le dieu, le cache sous ses replis, et dès à présent ne quittera plus ce poste d'honneur. Les paroles magiques de Ra ne suffisent plus,

et il faut qu'Isis, la grande magicienne, prenne place à la proue de la barque[2], pour proférer ses incantations[3], secondées par celles du dieu *Samsou*. Devant la barque s'avance, menaçant, le monstrueux serpent *Nehahi*, une forme d'Apophis, mais grâce au verbe magique, *Selkit* et *Heri-Tesouf*

---

1. Voir Lefébure, *Tombeau de Sèti I*er, IVe part., pl. XLIII-XLVI ; Sharpe, *Egyptian Inscriptions*, II, pl. XV-XVII ; Sarcophage de Ramsès III (Louvre). — Étude sur cette heure : Maspero, *Hypogées royaux*, p. 68-75.

2. Sur le sarcophage de Ramsès III, de même qu'au tombeau de Séti Ier, la déesse Isis remplace la patronne de la barque [hiéroglyphes] tandis qu'au sarcophage de Djahi (Sharpe, pl. XV) toutes deux y sont, l'une à sa place ordinaire, devant la cabine du dieu, l'autre debout à la proue.

3. La stèle Metternich nous a conservé une de ces incantations contre Apophis. (Voir Golénischeff, *Metternichstele*, pl. II, l. 1-3 et p. 2-3.)

s'emparent du reptile, le lient, le transpercent de glaives, le mettent en dehors du chemin sur un bas-fonds qui lui est réservé et qui peut juste le contenir : la barque peut continuer sa route en paix. Derrière ces deux défenseurs, quatre déesses armées d'épées sont prêtes à les seconder.

C'est dans cette contrée dangereuse que se trouve le sépulcre d'Osiris, sous la forme de quatre maisonnettes recouvrant de petits monticules de sable. C'est là-dessous que se trouvent ensevelies les quatre âmes du dieu, déterminées ici par les noms de *Toum*, *Chepra*, *Ra* et *Osiris*, c'est-à-dire les quatre états du soleil. Ces quatre tombeaux si primitifs, dont la tradition doit remonter à une très haute antiquité, sont surmontés chacun de deux têtes humaines qui les protègent des mauvais esprits, reste des anciennes coutumes de faire des sacrifices humains sur les tombes, ou bien de la croyance, encore vivante chez plusieurs peuples de l'Afrique, que les têtes des ennemis tués sont une protection pour la maison sur laquelle elles sont plantées[1]. Plus loin, un dieu et une déesse montent encore la garde sur ces tombeaux.

Au registre supérieur, après deux ou trois personnages, parmi lesquels une uræus à tête humaine, nous retrouvons le serpent *Mehen* recouvrant de son corps un dieu qui porte le nom de *Chair d'Osiris*, assis sur un trône et coiffé de la double plume d'Ammon. C'est le prince de ce nome, à qui Ra demande le passage, tout en lui ratifiant la possession de son fief. Devant lui une déesse à tête de lionne décapite trois de

1. Voir à ce sujet, Lefébure, *Rites égyptiens*, p. 20, et le texte d'Horapollon, I, 24.

ses ennemis, liés et agenouillés[1]; plus loin, trois autres

Pap. Berlin 3001, l. 95-116.

1. Le chap. XLIII du *Livre des Morts* évitait au mort d'avoir la tête tranchée, de même aussi le chap. L. (Voir Naville, *Todtenbuch*, pl. LVIII et LXIV.)

impies gisent à terre, liés de longues cordes que tient à la main le génie *Ankou*, l'attacheur. Enfin, les âmes pieuses sont représentées par trois éperviers à tête humaine, au delà desquels nous apercevons encore un dieu assis, nommé *les Chairs de Toum*, personnage dans le genre de celui qui trônait sous les replis de *Mehen*.

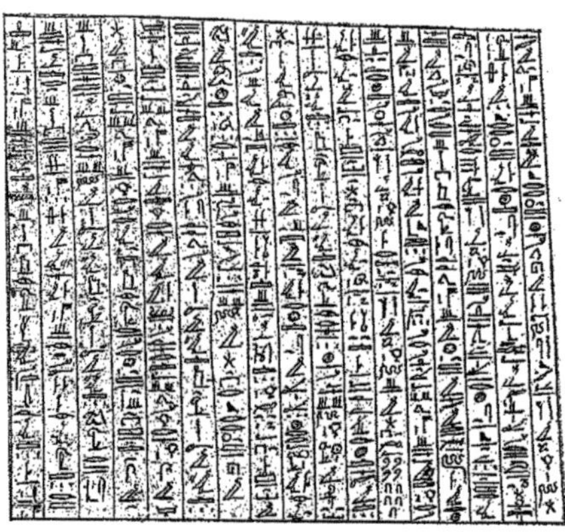

Pap. Leyde 71, l. 62-78.

Au registre inférieur, une procession de douze dieux-étoiles se dirige vers celui qui doit les passer en revue, un Horus siégeant sur son trône. Ce sont les génies qui président au lever des heures, dans l'autre monde, et dont les étoiles guident, chacune à son tour, la course de Ra. Leur place ici est très naturelle, car nous retrouvons dans différents textes ces divinités stellaires comme gardiens du tombeau d'Osiris[1]. — Puis douze déesses, aussi des guides du soleil, marchent dans l'autre sens vers un gros crocodile étendu sur un tas de sable. Ce tumulus est encore un tombeau d'Osiris, et le monstre menace toujours de dévorer le

1. Voir des exemples de ce rôle des 32 décans et des 12 dieux des heures dans Mariette, *Dendérah*, IV, pl. LX-LXIV, LXXIX-LXXXIII, pour les décans, et IV, LXXXIV pour les heures.

dieu qui y est enseveli ; seulement, pendant le passage de Ra, le crocodile, charmé par ses paroles magiques, perd pour un instant sa force de destruction, et Osiris peut sans crainte sortir sa tête au-dessous de la gueule du monstre pour voir passer son suzerain. De même les âmes osiriennes qui savent qu'à ce moment-là le crocodile n'est pas redoutable, peuvent en profiter pour passer auprès de lui sans danger.

TEXTES RENFERMANT LA SEPTIÈME HEURE

1. Papyrus Berlin 3001, abrév., B. 3001.
2. Pap. Leyde 71 (inédit), Ld. 71.
3. Pap. Turin (éd. Lanzone, pl. xi), T.
4. Pap. Louvre 3071 (Pierret, *Études égyptologiques*, II, p. 112-115), Lv. 3071.

Le texte de *Séti Ier* (Lefébure, IVe part., pl. xxxv) ne renferme que les premiers mots de cette heure ; de même aussi le Sarcophage de Nesschutafnout. (Voir Bergmann dans *Rec. Trav.*, VI, p. 158.)

1. T. ajoute .
2. S., manque.
3. Lv. 3071 : .
4. B. 3001 : ; Ld. 71 : ; Lv. 3071 : ; T. : ; S. : ; S. ajoute .
5. Lv. 3071 : .
6. Ld. 71 : ; S. : .
7. T., manque.
8. B. 3001 : ; Ld. 71 et S : ; Lv. 3071 : (?) .

9. T. : .

10. Lv. 3071 : .

11. Le texte T. s'arrête ici.

12. Ld. 71 ; T. : ; Lv. 3071 : .

13. Lv. 3071, manque.

14. T. : .

15. B. 3001 : ; Ld. 71 : ; Lv. 3071, manque ; T : .

16. T. : .

17. Lv. 3071 : .

18. T., manque .

19. B. 3001 : .

20. Ld. 71 : ; T. : .

21. Lv. 3071 : .

22. B. 3001 ; Lv. 3071 : ; Ld. 71 : .

23. Ld. 71 ; T. : .

24. Lv. 3071 ; T., ajoutent .

25. Lv. 3071 : .

26. La vraie leçon ne se trouve que dans l'édition illustrée (*Séti Ier*, IV, pl. XLIII, col. III, et Sarcophage de Nesschutafnout, *Rec. Trav.*, VI, 158). — B. 3001; Ld. 71; Lv. 3071 : ; T. : .

27. B. 3001 : ; Lv. 3071 ; T. : .

28. B. 3001 : ; T. : .

29. B. 3001 : .

30. Lv. 3071 : ; Ld. 71, manque ; T., lacune.

31. B. 3001 : ; Lv. 3071 : .

32. Lv. 3071 : .

33. Ld. 71, ajoute .

34. B. 3001 ; Lv. 3071 : ; Ld. 71 : .

35. T. : .

36. S., manque .

37. Ld. 71 ; T. : .

38. Ld. 71 : ; T. : .

39. Ld. 71 : .

40. Ld. 71 : .

41. Ld. 71 : .

42. Ld. 71 ; T. : ; Lv. 3071 : .

48 49 50 51 52 53 54 55 56 57 58 59 60 61 62

---

43. T., ajoute .

44. Ld. 71 : ; T.: .

45. Ld. 71 : .

46. B. 3001 : ; Lv. 3071 : ; T. : .

47. T. : .

48. Ld. 71 : .

49. Lv. 3071 : .

50. T. : .

51. T. : .

52. B. 3001, manque.

53. Lv. 3071, manque.

54. B. 3001 : .

55. B. 3001 : ; T. : .

56. T. : ; Ld. 71 : .

57. Ld. 71 : ; T. : .

58. Lv. 3071 : ; Ld. 71 ; T. : .

59. Lv. 3071 : .

60. T. : ; Lv. 3071 : .

61. B. 3001. Cette phrase se trouve placée après la suivante.

62. Ld. 71 : ; T. : ; T. intervertit avec .

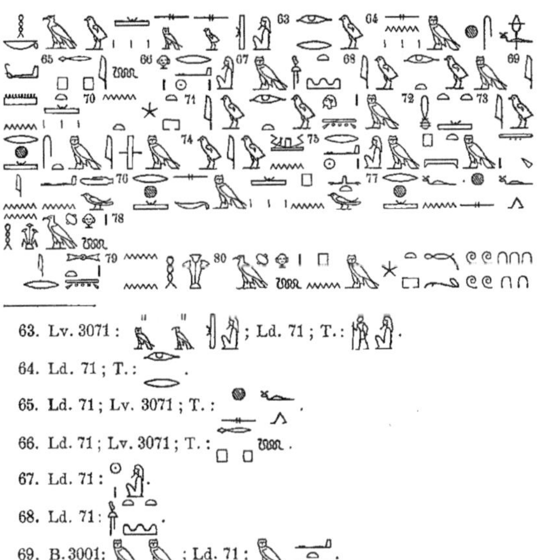

63. Lv. 3071 : [hiéroglyphes] ; Ld. 71 ; T. : [hiéroglyphes].

64. Ld. 71 ; T. : [hiéroglyphes].

65. Ld. 71 ; Lv. 3071 ; T. : [hiéroglyphes].

66. Ld. 71 ; Lv. 3071 ; T. : [hiéroglyphes].

67. Ld. 71 : [hiéroglyphes].

68. Ld. 71 : [hiéroglyphes].

69. B. 3001 : [hiéroglyphes] ; Ld. 71 : [hiéroglyphes].

70. Ld. 71 : [hiéroglyphes].

71. Lv. 3071. Toute la phrase manque depuis [hiéroglyphes] jusqu'ici.

72. Ld. 71 ; T., manque [hiéroglyphe].

73. La phrase qui suit, jusqu'à [hiéroglyphes]..., manque dans Ld. 71 ; T.

74. Lv. 3071 : [hiéroglyphes].

75. Lv. 3071 : [hiéroglyphes].

76. Ld. 71 ; T. : [hiéroglyphes].

77. Ld. 71 : [hiéroglyphes].

78. Le texte B. 3001 s'interrompt ici. — Le texte T. est rempli de lacunes.

79. Lv. 3071 : [hiéroglyphes].

80. Ld. 71, manque [hiéroglyphe].

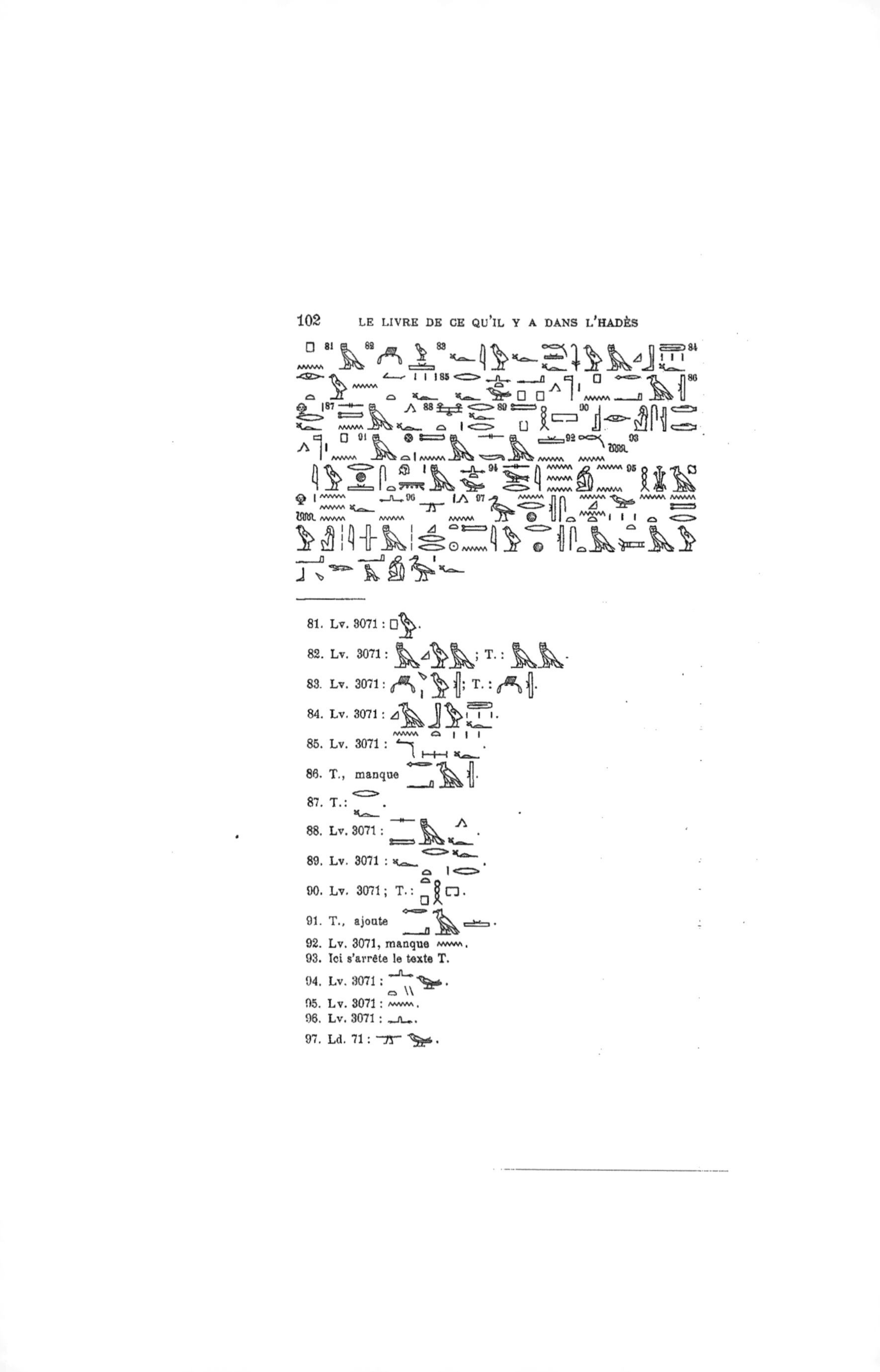

81. Lv. 3071 :

82. Lv. 3071 : ; T. : .

83. Lv. 3071 : ; T. : .

84. Lv. 3071 : .

85. Lv. 3071 : .

86. T., manque .

87. T. : .

88. Lv. 3071 : .

89. Lv. 3071 : .

90. Lv. 3071 ; T. : .

91. T., ajoute .

92. Lv. 3071, manque .

93. Ici s'arrête le texte T.

94. Lv. 3071 : .

95. Lv. 3071 : .

96. Lv. 3071 : .

97. Ld. 71 : .

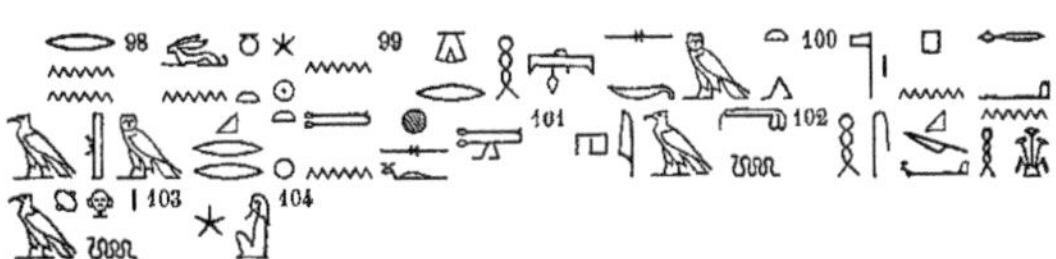

TRADUCTION

Lorsque la Majesté de ce grand dieu arrive dans la retraite[1] d'Osiris, il adresse les paroles (destinées) à cet adytum aux dieux qui y sont. Ce dieu se fait pour cette contrée d'autres formes, pour faire rebrousser chemin à Apophis par les incantations d'Isis et les incantations de Samsou.

Le nom de la porte de cette cité, porte que traverse ce grand dieu, est : *Portail d'Osiris*.

Le nom de cette cité est : *Retraite mystérieuse*.

La voie mystérieuse de l'Amenti, ce grand dieu passe sur elle dans sa barque bien construite, lorsqu'il traverse cette route qui est sans eau et sans halages ; il navigue grâce aux incantations d'Isis et aux incantations de Samsou, grâce aux charmes de la bouche de ce dieu lui-même, en faisant

---

98. Ici reprend le texte B. 3001.

99. Ld. 71 ; Lv. 3071 : .

100. Lv. 3071 : .

101. Ld. 71 : .

102. Ld. 71 : ; Lv. 3071 : .

103. B. 3001 : .

104. Ld. 71 : ; Lv. 3071 : .

1. (Brugsch, *Dict.*, p. 1543 : gouffre, caverne, trou, abîme), représente ici l'adytum, la cachette d'Osiris. C'est là que les magiciens, pour obtenir quelque chose du dieu, menaçaient de descendre pour mettre sa momie en pièces. (Voir une étude sur une *tabella devotionis*, par M. Maspero, *Musée Alaoui*, p. 66.)

des blessures au couteau à Apophis dans l'Ḥadès, pour cette contrée, à lui dont la place est au ciel[1].

Celui qui fait les choses à l'image du tableau qui se trouve au nord de la maison mystérieuse de l'Hadès, cela lui est utile de faire ces choses, au ciel et sur terre. Celui qui sait cela est parmi les âmes, auprès de Ra. Celui qui fait ces incantations d'Isis et ces incantations de Samsou, elles joueront le rôle de repousser Apophis de Ra dans l'Amenti. Si l'on fait cela dans l'Hadès ou si on le fait sur terre, c'est la même chose. Celui qui sait cela est sur la barque de Ra, au ciel et sur terre, mais celui qui ne connaît pas ce tableau ne peut savoir repousser Nehahi.

Le bas-fond[2] de la terre de Nehahi dans l'Ḥadès est long de 450 coudées, et il le remplit de ses replis. On lui réserve son domaine afin que le grand dieu ne passe pas sur lui, quand il lui fait rebrousser chemin de la retraite d'Osiris, (lorsque) ce dieu navigue dans ce nome, sous l'image de Mehen.

Celui qui sait cela sur terre, Nehahi ne peut boire son eau. L'âme de qui sait cela ne peut être en butte[3] aux violences des dieux qui sont en ce cercle ; celui qui sait cela, le crocodile Abou-Schaou ne mange point son âme.

Le nom de l'heure de la nuit qui guide ce grand dieu dans ce cercle est : *celle qui repousse Haou et qui massacre Nehahi*.

---

1. Allusion au rôle stellaire que le grand serpent — qui n'est autre qu'Apophis — joue dans le firmament. Nous retrouvons cette constellation du Dragon dans les représentations du zodiaque.

2. Le mot [illegible], copte ϫⲓⲥⲉ, signifie un *dos*, et quand il se rapporte à un pays, une *montagne*, une *colline* (Brugsch, *Dict.*, 1596.) Ici, comme il s'agit du cours d'un fleuve, c'est un banc de sable, un bas-fond, de même que dans un passage de l'inscription d'Una. (Voir Erman, dans *Zeitschrift*, 1881, p. 24.)

3. Littéralement : Aller vers…

HUITIÈME HEURE[1]

Sarcophage des dieux, ainsi s'appelle cette région qui porte si bien son nom et qui est une des plus importantes de l'Hadès. Partout ce ne sont que dieux et génies, non plus vivants, mais ensevelis et embaumés selon tous les rites ; auprès de chacun sont des bandelettes et des linceuls, représentés par le signe des étoffes, qui leur sert de siège ou bien est placé simplement devant eux.

La barque divine a toujours le même aspect que dans l'heure précédente, dominée, en guise de cabine, par le serpent Mehen. Pour traverser cette contrée morte, il n'y a plus besoin d'incantations ni de sortilèges, et la patronne de la barque est de nouveau debout à sa place, devant le naos d'Afou. Dès ce moment la barque et l'équipage ne changeront plus jusqu'au lever du jour.

Ici, les haleurs reparaissent, au nombre de huit, attelés à la corde. En avant d'eux, une ennéade de serviteurs, représentés par l'hiéroglyphe de leur nom, sont des fidèles de Ra, transportés dans ce nome pour lui servir de cortège ; bien momifiés suivant les rites, ils sont munis de leurs bandelettes. Quoique morts, ils sont encore doués d'une certaine vie et s'animent au passage du dieu, ce qui nous explique l'apparition de ces têtes humaines qui sortent lorsque Ra leur adresse la parole, leur enjoignant de s'armer

---

1. Voir Lefébure, *Tombeau de Séti Ier*, IVe part., pl. XLVII-XLIX ; Sharpe, *Egyptian Inscriptions*, II, pl. XV-XVI ; Sarcophage de Ramsès III (Louvre) ; *Description de l'Égypte*, *Antiquités*, V, pl. XL. — Étude sur cette heure : Maspero, *Hypogées royaux*, p. 75-81.

de leurs glaives et d'exterminer ses ennemis qui peuvent se trouver dans cette contrée. Ouvrant le cortège, marchent quatre béliers, la tête ornée des différentes coiffures solaires : la double plume, la couronne rouge, la couronne blanche et le disque. Ici, ces béliers ne représentent pas, comme d'habitude, les quatre âmes d'Osiris, mais des formes de Totounen.

Les deux côtés du fleuve sont occupés par un certain nombre de demeures ou cercles fermés, dont les portes s'ouvrent au passage d'Afou pour laisser entrevoir les habitants du lieu, les dieux morts dans leurs tombeaux. Tous ces dieux sont non seulement munis de leurs bandelettes, qui ne représentent que les cérémonies de l'embaumement, mais ils ont encore été mis au tombeau suivant les rites institués par Horus pour son père : ils sont établis *sur leurs sables*, une des premières et plus importantes cérémonies des funérailles, qui consistait à placer sur un tas de sable la momie ou une statue du mort[1]. Ra leur adresse la parole, et tous ces cadavres se raniment un peu, veulent lui répondre, mais ne font entendre qu'un murmure sourd et confus, plus ou moins fort, qui ressemble soit à un son très lointain de voix, soit à un bourdonnement d'insectes, à des miaulements de chats, à des rugissements de lions ou à des cris d'oiseaux de proie.

Au registre supérieur, chaque cellule renferme trois dieux, assis sur leurs étoffes, tous se rapportant aux mythes du Delta. Tout d'abord l'ennéade héliopolitaine au complet remplit les trois premiers tombeaux : Toum, Khepra et Schou ; Tafnout, Seb et Nout ; Osiris, Isis et Horus ; le

---

1. Voir Schiaparelli, *Il Libro dei funerali*, pl. L. a, et p. 28-30, et Lefébure, *Tombeau de Séti I*[er], IIIe part., pl. II. Cette couche de sable sur laquelle on posait, pour les cérémonies funéraires, la statue du mort, représentait la montagne d'Occident, l'Amenti. (Voir Maspero, dans *Revue des Religions*, XV, 165-166.) Non seulement dans les funérailles, mais dans les cérémonies du culte, le sable jouait un grand rôle. Le rituel d'Ammon du musée de Berlin (Pap. n° 3055) et les rituels du temple d'Abydos (Mariette, *Abydos*, I, chap. XXX) lui consacrent un chapitre intitulé [illegible]. (Voir Lemm, *Ritualbuch des Ammondienstes*, p. 69-72.)

quatrième contient [hiéroglyphes], [hiéroglyphes] et [hiéroglyphes], et le cinquième [hiéroglyphes], [hiéroglyphes] et [hiéroglyphes]. Au delà de la dernière porte, une déesse se tient debout.

Sur l'autre rive, divisée de la même manière, se trouvent d'autres dieux, plus nombreux, mais moins connus. D'abord,

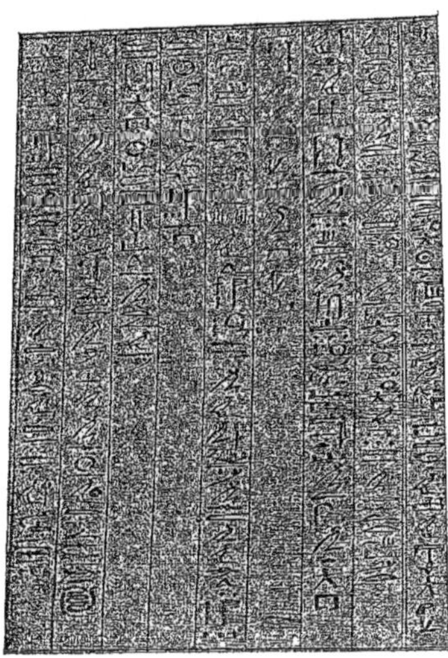

Pap. Berlin 3001, l. 117-125.

dans la première chambre, le serpent Mehen, les flèches du soleil et le dieu Neb-Rokhitou, à tête de bélier ; la deuxième renferme Nouit, To et Sebek ; les deux suivantes, chacune quatre génies sous forme de momies, et la dernière quatre uræus dressées sur le signe des étoffes. Au delà de ces cellules se tient le dieu Nou.

TEXTES RENFERMANT LA HUITIÈME HEURE

1. Papyrus Berlin 3001, abrév., B. 3001.
2. Pap. Leyde 71 (inédit), Ld. 71.

Ce texte se retrouve presque en entier dans l'édition illustrée. (Voir Lefébure, *Séti I*er, IVe part., pl. XLVII-XLIX, les quatre colonnes initiales et la ligne surmontant toute l'heure.)

Pap. Leyde 71, l. 79-86.

1. B. 3001 : [hiéroglyphes].
2. B. 3001 : [hiéroglyphes]; Ld. 71 : [hiéroglyphes]. (Voir S., pl. XLVII.)
3. Ld. 71 : [hiéroglyphes].

4. Ld. 71 : .

5. Ld. 71 : .

6. B. 3001 : (?).

7. Ld. 71 : .

8. B. 3001 : .

9. Ld. 71 : .

10. Ld. 71 : ; B. 3001, écrit au lieu de .

11. Ld. 71 : .

12. Ld. 71 : .

13. Ld. 71 : .

14. Ld. 71 : .

15. Ld. 71 : .

16. Ld. 71 : .

17. Ld. 71 : .

18. Ld. 71 : .

19. Ld. 71 : .

TRADUCTION

Lorsque ce grand dieu arrive aux cercles des dieux mystérieux[1] qui sont sur leurs sables, il leur adresse, de sa barque,

20. Ld. 71 :

21. Ld. 71 :

22. Ld. 71 :

23. Ld. 71 :

24. Ld. 71 :

25. Ld. 71 :

26. Ld. 71 :

27. Ld. 71 :

28. Ld. 71 :

29. Ld. 71 :

1. L'édition illustrée donne la vraie version qui est , etc., tandis que selon l'édition abrégée, nous aurions : *les cercles mystérieux des dieux qui sont sur leurs sables.* (S., IV, pl. XLVII, col. 1.)

des paroles ; ces dieux le halent, lui qui est dans l'embrassement[1] bien ordonné de Mehen.

Le nom de la porte de cette cité est : *Celle qui se tient debout, immobile* (?)

Le nom de cette cité est : *Coffre funéraire des dieux.*

Les cercles mystérieux de l'Amenti, le grand dieu passe sur eux, dans sa barque, grâce aux halages des dieux de l'Hadès.

Celui qui fait ces choses à l'image de ce qui est dans les tableaux situés au nord de la maison mystérieuse, dans l'Hadès, celui qui connaît ces choses en leurs noms, celui-là est riche en bandelettes[2] sur la terre, il ne peut être repoussé des portes mystérieuses, ses offrandes sont en tas immenses, en vérité.

Le nom de l'heure de la nuit qui guide ce grand dieu est : *la maîtresse de la nuit.*

---

1. Le mot [hiéroglyphes] (de la racine [hiéroglyphes] *embrasser*. Brugsch, *Dict.*, p. 1293) indique ici l'état du dieu, caché sous les replis de Mehen. A la place de ce mot, le texte illustré paraît donner [hiéroglyphes], qui signifierait alors : *selon les offices bien ordonnés de Mehen.* La première version paraît préférable, car nous ne voyons nulle part parler de la puissance magique du serpent Mehen, qui a uniquement un rôle de protecteur matériel. (S., IV, pl. XLVII, col. 3-4.)

2. Dans l'édition abrégée, il manque un mot que rétablit le texte illustré : [hiéroglyphes], littéralement : *maître des bandelettes.*

NEUVIÈME HEURE[1]

Avec le neuvième pays infernal, nous arrivons dans des contrées qui, si elles ne sont guère plus faciles à comprendre pour notre esprit moderne, nous sont connues par un bien plus grand nombre de variantes et d'éditions diverses. C'est avec cette heure que commencent les scènes figurées sur tous les papyrus un peu complets que nous possédons.

Ce n'est plus ici un cimetière de dieux, quoique nous retrouvions bien des choses qui rappellent le sujet de l'heure précédente et sont en rapport avec les cérémonies prescrites dans le rituel funéraire : tout d'abord les signes des étoffes sur lesquels sont juchés douze personnages[2] momifiés, et en face d'eux, douze uræus crachant des flammes ; cette dernière contrée osirienne veut aussi que ses habitants y soient en vertu des rites bien exécutés. Tandis que les premiers démasquent leurs faces, au passage du soleil, pour lui rendre hommage, les uræus éclairent toute la zone, dévorent les impies qui s'y sont glissés et se nourrissent de leur sang.

Plus loin, au registre supérieur, douze femmes debout sont animées par les paroles magiques de Ra et transmettent à Osiris la vie et la force, et vis-à-vis d'elles, sur l'autre rive, conduits par un Horus momie, debout *sur les sables de l'Hadès*, une série de neuf personnages tenant à la main des

1. Voir Lefébure, *Tombeau de Séti Ier*, IIe part., pl. xv-xviii ; Sharpe, *Egyptian Inscriptions*, I, pl. xx ; *Description de l'Égypte, Antiquités*, V, pl. xl ; Papyrus Berlin 3001, pl. i-ii (inédit) ; Pap. Leyde 71, pl. i (inédit) ; Pap. Turin (éd. Lanzone, pl. i) ; Pap. Louvre 3071 (Pierret, *Études égyptologiques*. II, p. 115-120) ; Pap. Louvre 3119, pl. i (inédit) ; Pap. Louvre 3451, pl. i (inédit). — Étude sur cette heure : Maspero, *Hypogées royaux*, p. 81-85.

2. Le nombre de ces génies diffère dans les papyrus, qui ont généralement huit dieux-momies et sept uræus.

bâtons tordus représente les fellahs, les cultivateurs du nome.

Ici, la barque n'est plus ni remorquée ni halée : elle vogue de nouveau en pleine eau, mue par les rames de douze divinités stellaires qui, faute de place sur la barque elle-même,

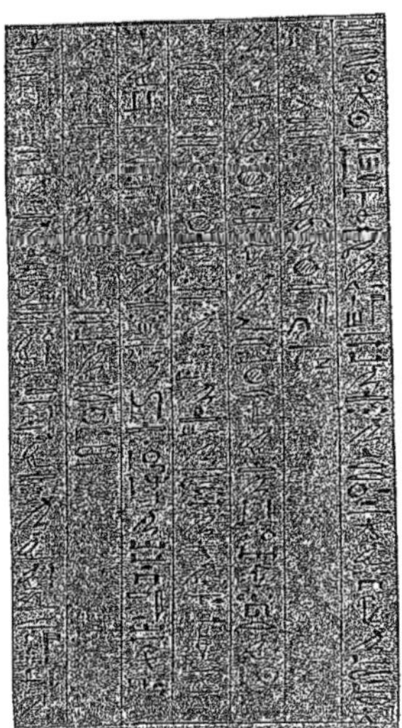

Pap. Berlin 3001, l. 126-132.

ont été représentées devant elle, marchant et tenant à deux mains leur aviron[1]. Devant ce cortège de matelots, trois grandes corbeilles portent, les deux premières des momies d'épervier à tête humaine et à tête de bélier, la troisième, une vache couchée. Ces trois choses sont des images de l'abondance qui règne en cette contrée de l'autre monde, dont les habitants reçoivent de Ra lui-même les provisions

1. Sur aucun des papyrus, la barque n'est représentée, mais seulement les matelots.

dont ils ont besoin, par l'entremise de ces bizarres personnages. Les mânes sont aussi abreuvés par les rameurs qui, à leur passage, les aspergent du bout de leurs avirons. — En avant des trois corbeilles, un dieu momie personnifie une fois de plus les offrandes divines.

TEXTES RENFERMANT LA NEUVIÈME HEURE

1. Papyrus Berlin 3001, abrév., B. 3001.
2. Pap. Leyde 71, Ld. 71.

Pap. Leyde 71, l. 87-93.

---

1. Ld. 71 :
2. B. 3001 :
3. B. 3001, manque.
4. Le texte B. 3001 s'interrompt ici.

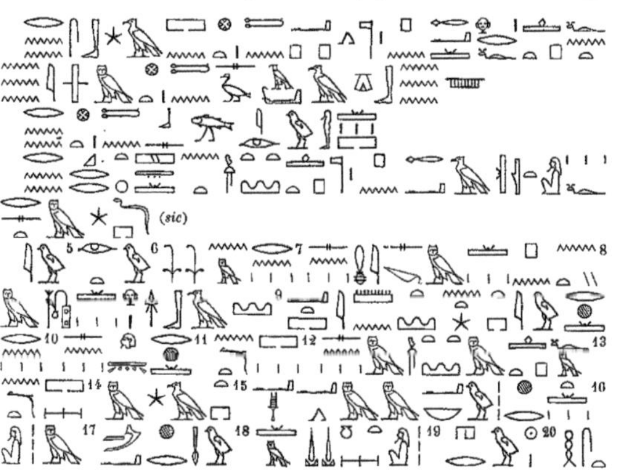

5. Ici reprend le texte B. 3001.

6. B. 3001, manque [hiéroglyphes].

7. Ld. 71 : [hiéroglyphes].

8. Ld. 71 : [hiéroglyphes].

9. Ld. 71 : [hiéroglyphes].

10. Ld. 71 : [hiéroglyphes].

11. Ld. 71 : [hiéroglyphes].

12. Ld. 71 : [hiéroglyphes].

13. Ld. 71, manque [hiéroglyphe].

14. Ld. 71 : [hiéroglyphes].

15. Ld. 71 : [hiéroglyphe].

16. Ld. 71 : [hiéroglyphes].

17. Ld. 71, manque.

18. Ld. 71 : [hiéroglyphes].

19. Ld. 71 : [hiéroglyphes].

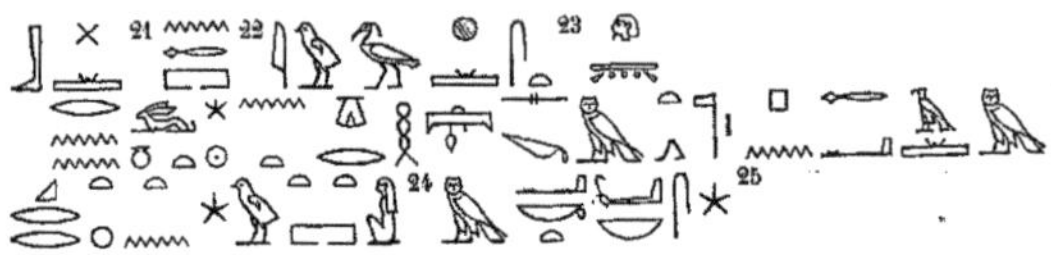

TRADUCTION

Lorsque ce grand dieu arrive dans ce cercle, il adresse, de sa barque, des paroles aux dieux qui y sont ; les matelots se joignent à la barque de ce grand dieu, pour ce nome.

Le nom de la porte de cette cité, par laquelle ce grand dieu entre et arrive au fleuve qui est dans ce nome est : *Gardien de l'inondation*[1].

Le nom de cette cité est : *la regorgeante de formes*[2]. (C'est)[3] le cercle mystérieux de l'Amenti, où arrivent ce grand dieu et ses matelots, dans l'Hadès.

---

20. Ld. 71 : .

21. Ld. 71 : .

22. Ld. 71 : .

23. Ld. 71 : .

24. Ld. 71 : .

25. Ld. 71 : .

1. Pour le mot , voir Brugsch, *Dict.*, p. 133.

2. L'édition illustrée ajoute à ce nom-là celui de (vivante d'êtres). La racine (Brugsch, *Dict.*, p. 415), signifie : *sortir de, s'enfler, faire couler*.

3. Cette phrase n'est, comme dans plusieurs autres heures de la nuit, qu'une adjonction au nom de la ville, sorte de parenthèse résumant en quelques mots le contenu de l'heure. Il faut par conséquent retrancher le , introduit par erreur dans le seul texte que nous avons, et qui n'a aucun sens. L'édition illustrée ne donne du reste pas ce mot. (Voir Lefébure, *Séti Ier*, IIe part., pl. XV, ligne surmontant le registre supérieur.)

Celui qui exécute ces choses, en leurs noms, à l'image de ce qui est dans les tableaux, à l'est de la maison cachée de l'Hadès, celui qui connaît leurs noms sur la terre, qui connaît leurs places dans l'Amenti, celui-là arrive à sa place, dans l'Hadès; il se tient debout en tous les lieux propres aux justes de voix, parmi les greffiers[1] du jour[2] qui font des calculs pour Pharaon. Cela est utile à celui qui fait cela sur terre.

Le nom de l'heure de la nuit qui guide ce grand dieu dans ce cercle est: *la déesse infernale qui protège son seigneur.*

---

1. Le titre [hieroglyphs] a été étudié par M. Maspero dans son Mémoire sur le Papyrus Abbott (*Une Enquête judiciaire*, p. 15) et développé dans son cours du Collège de France, en 1890.

a). Ce mot désigne les scribes chargés de recevoir et d'enregistrer les redevances. Dans les tombes de l'Ancien-Empire, on les voit représentés dans l'exercice de leurs fonctions.

b). Les assesseurs d'Osiris sont des [hieroglyphs]; ils remplissent auprès du dieu des morts le rôle de greffiers, et enregistrent les bonnes et les mauvaises actions des défunts.

c). Ils perçoivent les offrandes faites par les parents des morts (offrandes qui serviront à constituer le [hieroglyphs]) de même que les employés du Pharaon ou des grands seigneurs reçoivent les redevances qui serviront à payer le traitement des employés de l'administration.

Je dois la communication de ces notes à l'obligeance de mon ami, M. E. Chassinat.

Nous retrouvons encore des [hieroglyphs] dans les Enfers avec une autre fonction, celle de repousser Apophis. (Voir Sharpe et Bonomi, *Sarcophagus of Oimenephtah*, pl. III.)

Au chap. XVII du *Livre des Morts*, ce sont les quatre fils d'Horus qui sont appelés [hieroglyphs] et qui exterminent les impurs. (Voir Naville, *Todtenbuch*, pl. XXIV, l. 37-39, 41-43.)

2. Le mot [hieroglyphs] me paraît ici correspondre, par sa position, à la place qu'il occupe après les noms de certains prêtres, et spécialement le [hieroglyphs]. Cette fonction de *prêtre du jour* a été étudiée par M. de Lemm (*Ritualbuch des Ammondienstes*. p. 7-8.) Ici nous aurions affaire à des employés d'un grade supérieur, de service tour à tour auprès du roi.

DIXIÈME HEURE[1]

Le Soleil, redescendant vers le Sud, se trouve, à partir du dixième nome infernal, en pleine contrée héliopolitaine, dans un pays qui porte le nom de la nécropole de cette ville, l'*Agarit*. C'est Ra lui-même qui en est le prince réel, sous sa forme de Khepra, qui va peu à peu s'unir au dieu mort, et enfin le supplantera pour se lever resplendissant.

La barque solaire semble de nouveau avancer toute seule, précédée d'une longue procession. Tout d'abord, l'épervier noir [hiéroglyphes], dans les replis d'un serpent extraordinaire dont les deux extrémités se relèvent pour se terminer chacune par une tête surmontée d'une des couronnes de l'Égypte et regardant deux déesses coiffées de même[2] ; il est monté sur deux paires de jambes humaines marchant en sens inverse et représente un des décans du ciel égyptien, chargé de précéder le soleil jusqu'à son lever. Plus loin le serpent [hiéroglyphes],

1. Voir Lefébure, *Tombeau de Séti I*er, IIe part., pl. XIX-XXII ; Sharpe, *Egyptian Inscriptions*, II, pl. XXI ; Papyrus Berlin 3001, pl. III-IV (inédit) ; Pap. Berlin 3005, pl. I-II (inédit) ; Pap. Leyde 71, pl. II (inédit) ; Pap. Leyde 72, pl. I-II (inédit) ; Pap. Louvre 3071 (Pierret, *Études égyptologiques*, II, 120-127) ; Pap. Louvre 3119, pl. II (inédit) ; Pap. Louvre 3451, pl. II (inédit) ; Pap. Turin (éd. Lanzone, pl. II-III). — Étude sur cette heure : Maspero, *Hypogées royaux*, pl. LXXXV-XC.

2. Cette figure, ainsi que les autres de la Xe et de la XIe heure, est empruntée au Pap. Berlin 3005, le plus bel exemplaire manuscrit.

chargé de surveiller les ténèbres de cette contrée, s'allonge dans une pirogue, et devant lui s'avance tout le cortège des génies qui précèdent le dieu pour anéantir ses ennemis, divisé en trois groupes de quatre personnages, les premiers armés de flèches et portant un disque solaire en guise de tête, les autres munis de javelots et d'arcs.

Le registre inférieur nous fait comprendre le nom d'*abîme des eaux* donné à cette zone. C'est le Nou, l'océan céleste, qui est figuré dans la plus grande partie de cette contrée, et nous y apercevons une douzaine de personnages, nageant ou flottant dans diverses positions, au travers de ses eaux. Ils sont surveillés par un Horus qui, debout et appuyé sur un bâton, leur donne par ses paroles magiques, la vie et la force de se soutenir au-dessus des eaux du Nou. Plus loin, une tête de Set « *le vigilant* » montée sur un sceptre, est suivie de quatre déesses qui ont la tête surmontée de serpents chargés d'éclairer Afou dans les ténèbres jusqu'au lever du soleil.

Sur l'autre rive, au registre supérieur, tout d'abord le gros scarabée noir de Khepra, sous la garde d'un génie, prépare sa naissance en poussant devant lui une boule de sable dans laquelle il a enfermé l'œuf d'où il renaîtra, image très abrégée du Douaout. Plus loin, les deux serpents *Manen*, adossés et portant sur leurs têtes le disque solaire, sont flanqués de deux déesses enfants, assises sans sièges et portant les deux diadèmes égyptiens; plus loin, deux femmes dans la même position adorent un disque solaire posé sur une grande hache fichée en terre. Les quatre déesses de ces deux groupes ne sont autres que les âmes des serpents et de la hache, qui en sortent pour accueillir les mânes arrivant avec le dieu, et rentrent après que le cortège a défilé.

Ensuite, un dieu cynocéphale momie est assis sur un trône, tenant à deux mains un grand oudja, vers lequel s'avancent deux groupes de quatre déesses, dont le rôle est d'examiner l'œil d'Horus, de juger s'il est en bon état, et de le protéger. En avant se trouvent encore deux groupes de génies, les uns marchant, les autres momifiés, destinés, comme tant d'autres, à suivre le soleil et à le débarrasser de ses ennemis.

Primitivement, la dixième et la onzième heure de la nuit ne formaient qu'un tout de représentations qui étaient pour les Héliopolitains le résumé de leurs doctrines sur l'Enfer. Autant que nous pouvons en juger, leur Hadès n'était pas divisé en douze heures, car nous voyons la plupart des génies qui remplissent ces deux tableaux, chargés d'accompagner le soleil jusqu'à son lever; peut-être, par contre,

Pap. Berlin 3001, l. 133-143.

retrouverions-nous les traces d'une division de la nuit en quatre parties, dans les nombreux groupes de quatre personnages qui s'y trouvent. Ce n'est que plus tard, quand les prêtres thébains compilèrent — avec les doctrines de toute l'Égypte, — leur grand guide funéraire, qu'ils placèrent ce domaine, divisé en deux, à la place géographique que le soleil occupait à ce moment de la nuit, d'après leurs théories.

TEXTES RENFERMANT LA DIXIÈME HEURE

1. Papyrus Berlin 3001, abrév., B. 3001.
2. Pap. Leyde 71, Ld. 71.

Pap. Leyde 71, l. 94-100.

1. Ld. 71 :
2. Ld. 71 :
3. Ld. 71 :
4. Ld. 71 :
5. Ld. 71 :
6. B. 3001 :

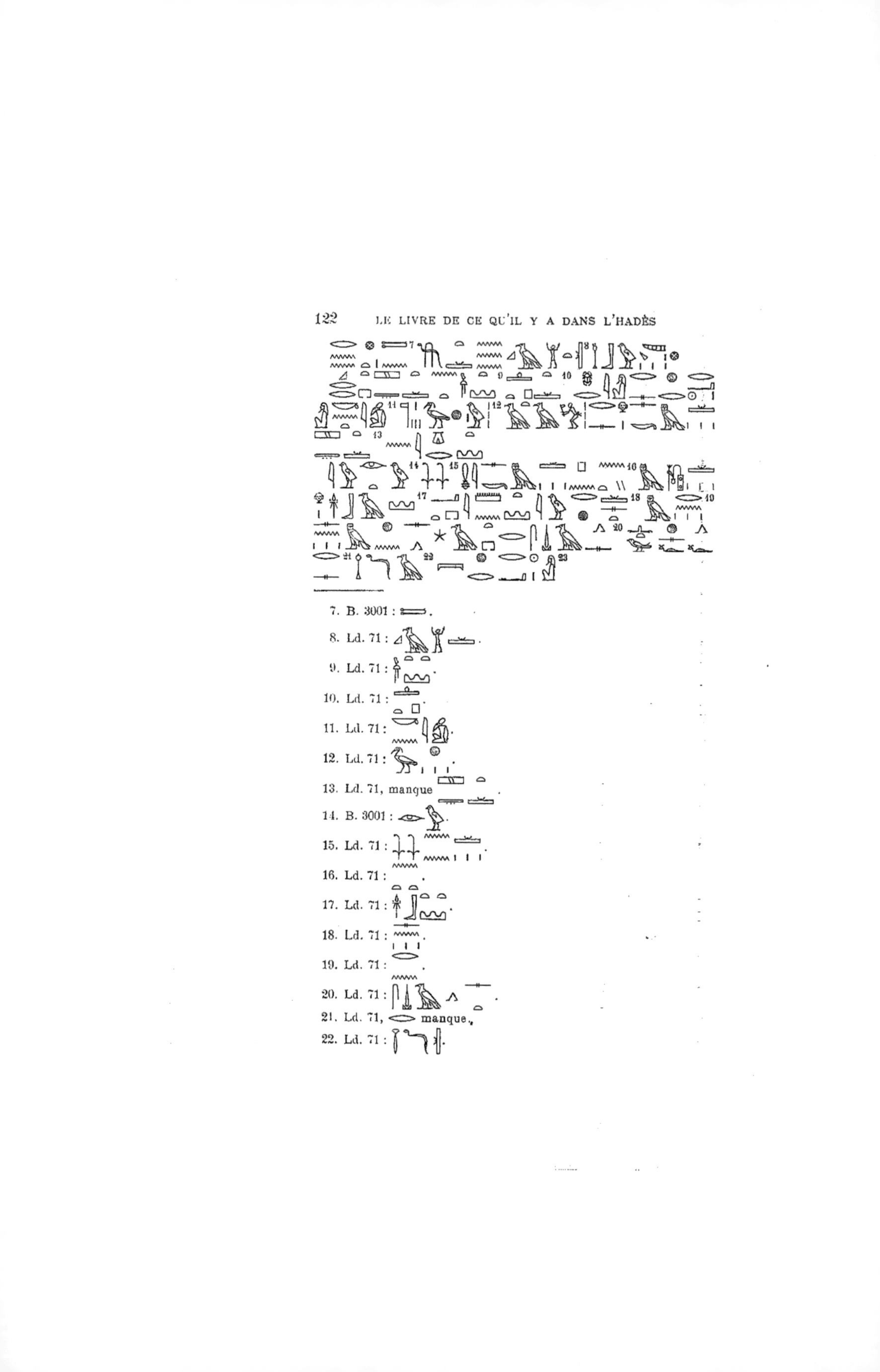

7. B. 3001 : .

8. Ld. 71 : .

9. Ld. 71 : .

10. Ld. 71 : .

11. Ld. 71 : .

12. Ld. 71 : .

13. Ld. 71, manque .

14. B. 3001 : .

15. Ld. 71 : .

16. Ld. 71 : .

17. Ld. 71 : .

18. Ld. 71 : .

19. Ld. 71 : .

20. Ld. 71 : .

21. Ld. 71, manque.

22. Ld. 71 : .

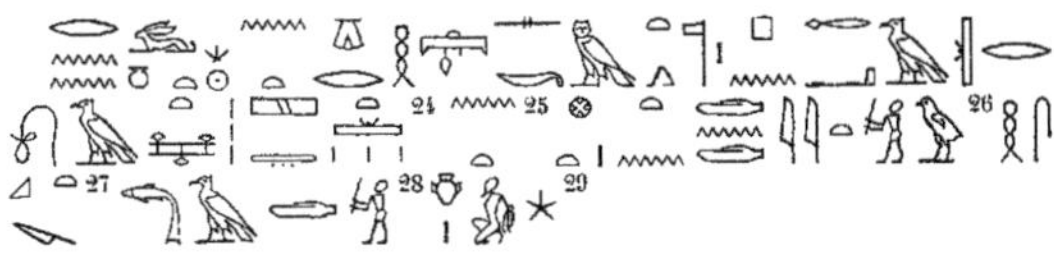

TRADUCTION

La Majesté de ce grand dieu arrive dans ce cercle, et il adresse des paroles aux dieux qui y sont.

Le nom de la porte de cette cité, porte que traverse le grand dieu, est : *la grande des êtres, l'enfanteuse des formes.*

Le nom de cette cité est : *l'abîme d'eau à hautes rives.*

C'est le cercle mystérieux où Khepra se joint à Ra ; les dieux, les mânes, les morts lui répondent[1] dans les tableaux mystérieux de l'Agarit.

Celui qui fait ces choses selon les figures qui sont dans les tableaux de l'est de la maison cachée de l'Amenti, celui qui les connaît par leurs noms, celui-là parcourt[2] l'Hadès, le traverse, et ne peut être empêché d'éclairer le ciel, avec Ra[3].

1. Pour le sens du mot peu usité , voir Brugsch, *Dict.*, p. 1495, et *Suppl.*, p. 1278.
2. Littéralement : Il est à l'état de parcourant l'Hadès.
3. Je ne suis pas sûr du sens de ces derniers mots, pour lesquels

Le nom de l'heure de la nuit qui guide ce grand dieu sur les routes mystérieuses de cette cité est : *la massacreuse qui égorge les impies.*

---

l'édition illustrée nous donne une version un peu différente : [hiéroglyphes]. (Cette phrase manque aux Papyrus Louvre 3071 et Berlin 3005). M. Maspero la traduit ainsi : « .... sans être empêché de se réunir à ceux qui sont avec Ra. » (*Hypogées royaux*, p. 87.)

ONZIÈME HEURE[1]

Le caractère de cette contrée se rapproche beaucoup de l'idée moderne de l'Enfer : avec ses morts cuisant dans des fournaises sans cesse attisées, elle forme bien la contrepartie du nome précédent où les justes — ou plutôt les justes de voix — nagent paisiblement dans des eaux fraîches.

Ici la barque s'avance à la lueur de l'astre *Posdit*, gros disque rouge qui est venu se fixer sur la proue. Le halage recommence : il ne se fait plus avec une corde, mais au moyen d'une des formes du serpent Mehen lui-même dont la queue se fixe à l'avant de la barque et dont le corps s'allonge indéfiniment au-dessus de douze personnages qui chacun le saisissent à deux mains ; ils s'avancent, portant Mehen, jusqu'à la limite de l'heure, puis rentrent dans leurs demeures ténébreuses. Ils sont précédés par les deux couronnes, rouge et blanche, de l'Égypte, portées sur le dos de deux uræus : ces couronnes sont douées d'une âme qui, au passage de Ra, se montre sous la forme d'une ou de deux têtes humaines. En tête du cortège marchent quatre déesses, des formes de Neith : Neith enfant, Neith reine de la Haute-Égypte, Neith reine de la Basse-Égypte et Neith fécondée.

A l'extrémité du registre supérieur se tient un dieu à deux têtes portant chacune un des deux diadèmes, le dieu *muni de ses faces*. Devant lui marche sur deux paires de jambes humaines, un serpent portant sur son dos deux

1. Voir Lefébure, *Tombeau de Sèti Ier*, IIe part., pl. XXIII-XXVI ; Sharpe, *Egyptian Inscriptions*, II, pl. XX-XXI ; Papyrus Berlin 3005, pl. III-IV (inédit); Pap. Leyde 71, pl. III (inédit); Pap. Leyde 72, pl. III-IV (inédit) ; Pap. Louvre 3071 (Pierret, *Études égyptologiques*, II, p. 127-136) ; Pap. Louvre 3451, pl. III-IV (inédit) ; Pap. Turin (éd. Lanzone, pl. III-IV). — Étude sur cette heure : Maspero, *Hypogées royaux*, p. 90-96.

grandes ailes blanches que saisit un dieu placé derrière lui, la tête surmontée d'un disque flanqué de deux oudjas. Le

serpent, c'est le corps du dieu Toum, et le personnage, c'est son âme, qui apparaît au passage du soleil. Le même phénomène se produit pour le grand serpent rouge qui vient ensuite, accompagné de dix étoiles, et qui n'est autre que la constellation *Shodou*[1], dont l'âme se montre « pour jeter les vies au soleil ». Plus loin une série de dieux, un à deux têtes, un Khnoum, et neuf autres dont la plupart sont sans bras, ont un rôle dans les mystères du dieu pour cette heure. Enfin huit uræus, réunies par couples, servent de siège à quatre déesses, dont la nature est à demi terrestre, à demi infernale : si leurs corps sont encore dans l'Hadès, leurs têtes sont à la surface de la terre, et elles abritent leur figure avec leur main contre le vent frais qui souffle au lever du soleil.

1. Ou la Tortue. (Voir Brugsch, *Astron. und astrolog. Inschriften*, II, p. 213, et *Dict.*, *Suppl.*, p. 1213.)

Cette représentation nous montre une fois de plus l'extrémité des enfers à une place autre que la fin de la douzième heure, où elle devrait naturellement se trouver, si l'ouvrage que nous avons entre les mains n'était pas une compilation de plusieurs livres distincts.

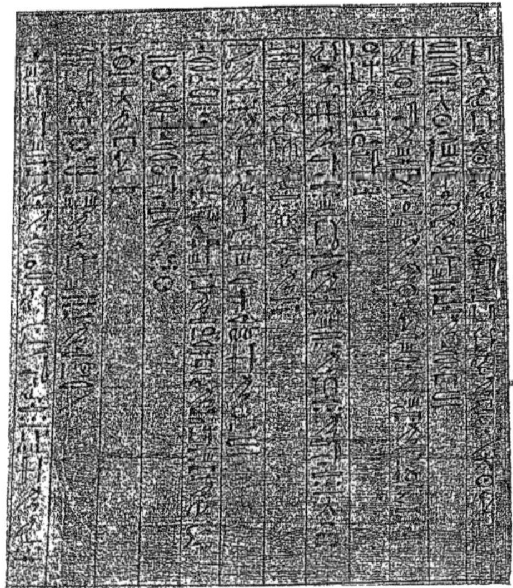

Pap. Berlin 3001, l. 144-155.

Sur l'autre rive nous voyons ce qui donne à ce nome son nom de « *bouche du cercle qui juge les corps* ». C'est bien le jugement des impies que ces six brasiers, où des corps humains, des membres, des ombres, subissent le martyre du feu. Chaque bûcher est gardé par une déesse armée d'une épée flamboyante et vomissant des flammes ; seule la dernière fournaise n'est pas surveillée et ne brûle plus : elle renferme quatre personnages entièrement anéantis, renversés la tète en bas[1]. Appuyé sur un bâton et brandissant son sceptre, Horus dirige ces tourments, et devant lui Set, sous la forme d'un serpent, attise les brasiers en y jetant les flammes de sa bouche.

Plus loin s'avancent quatre déesses, portant sur la tête le signe des pays ⲻ d'où s'échappent, pour deux d'entre elles, des flammes[2]; elles représentent probablement quatre quartiers de cette zone, et correspondent aux quatre déesses portant des uræus, qui terminent le registre inférieur, dans la zone des eaux qui précède. Derrière elles marchent encore un ou deux génies.

Pap. Leyde 71, l. 101-107.

TEXTES RENFERMANT LA ONZIÈME HEURE

1.	Papyrus Berlin 3001,	abrév., B. 3001.
2.	Pap. Leyde 71,	Ld. 71.

1. Être jeté la tête en bas dans les gouffres de l'Hadès est aussi considéré comme un supplice par le *Livre des Morts*, qui lui consacre un chapitre. (Voir Lepsius, *Todtenbuch*, ch. LI, pl. XXI.)

2. Voir les Papyrus B. 3005 et Ld. 72 ; les autres ne donnent pas les flammes.

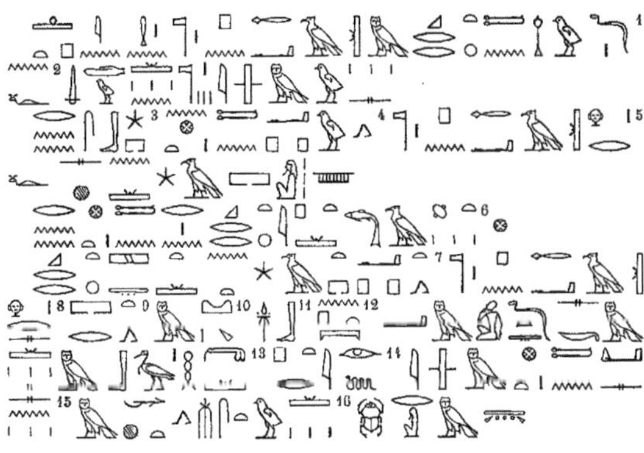

1. Ld. 71 : .
2. Ld. 71, manque .
3. Ld. 71 : .
4. Ld. 71 : .
5. Ld. 71 : .
6. Ld. 71 : .
7. Ld. 71 : .
8. Ld. 71 : .
9. Ld. 71 : .
10. Ld. 71 : .
11. Ld. 71, manque.
12. Ld. 71 : .
13. Ld. 71 : .
14. Ld. 71 : .
15. Ld. 71 : .

TRADUCTION

La Majesté de ce grand dieu arrive dans ce cercle et adresse des paroles aux dieux qui y sont.

---

16. Ld. 71 :

17. Ld. 71 :

18. Ld. 71 :

19. Ld. 71 :

20. Ld. 71 :

21. Ld. 71 :

22. Ld. 71 :

23. Ld. 71 :

24. Ld. 71 :

25. Ld. 71 :

26. Ld. 71 :

27. Ld. 71 :

28. Ld. 71 :

29. Ld. 71 :

Le nom de la porte de cette cité, porte que traverse ce grand dieu, est : *Celle qui renferme les dieux de l'Hadès.*

Le nom de cette ville est : *la bouche du cercle qui compte les corps.*

(C'est) le cercle mystérieux que traverse[1] le grand dieu, sortant à la montagne orientale du ciel..................
Son image est en face du serpent Pitra[2] qui est en cette cité ; elle les met à la suite (du soleil) pour l'enfantement de Khepra, sur terre.

Celui qui fait ces choses de cette façon et selon ces images qui sont dans les tableaux de l'Amenti, à l'est de la maison mystérieuse de l'Hadès, celui qui les connaît, celui-là est à l'état de partageur[3], il arrive en mâne bien muni au ciel et sur terre, en vérité.

Le nom de l'heure de la nuit qui guide ce grand dieu dans cette contrée est : *l'étoile, maîtresse de la barque, qui repousse les impies, dans les sorties du soleil.*

---

1. Suivant l'exemple des phrases analogues dans les autres heures, je traduis ici d'après la version Ld. 71, qui donne [hiéroglyphes] et [hiéroglyphes], tandis que B. 3001, écrit [hiéroglyphes] et [hiéroglyphes], de même que l'édition illustrée. (Voir *Séti I*er, IIe part., pl. XXIII ; Papyrus Turin, pl. III.)

2. On ne trouve, dans l'édition illustrée, aucun serpent de ce nom. Peut-être n'est-ce qu'un surnom du serpent Mehen : *le voyant.* L'édition illustrée donne ce texte d'une manière différente : [hiéroglyphes] (*Séti I*er, IIe part., pl. XXIII-XXIV), ou [hiéroglyphes]. (Papyrus Turin, pl. III-IV.)

3. Le mot [hiéroglyphes] signifie *fendre, partager ;* M. Brugsch (*Dict.*, p. 509) cite des exemples de textes religieux se rapportant à la déesse Nouit qui écarte les bras ou les jambes, qui se fend pour recevoir le mort : [hiéroglyphes].
Ici ce mot, au participe, indique l'état du mort sur terre, parallèlement avec sa qualité de mâne bien muni ; c'est très probablement une réminiscence de l'ancien mythe du dieu Seb partageant la terre entre Horus et Set, et une identification du mort à ce dieu.

DOUZIÈME HEURE[1]

De même que les prêtres thébains avaient mis comme préambule à leur grand ouvrage une première heure qui n'était probablement dans aucun des anciens livres réunis par eux, de même ils firent, pour terminer dignement la nuit solaire, un dernier portique, une aurore correspondant à leur crépuscule. Cette heure est conçue sur le même plan que les autres et continue le développement de leurs doctrines sur l'enfantement du soleil ; ce n'est plus le Douat proprement dit, c'est le ventre même de Nouît qui en fait la conclusion ; cette contrée qui unit le ciel et l'enfer est donc la plus importante de toutes, sinon la plus ancienne[2]; si nous ne la retrouvons qu'exceptionnellement figurée sur les sarcophages et les textes monumentaux, c'est sans doute qu'on la réservait pour l'écrire sur papyrus et la mettre ainsi plus près encore de la momie ; bien des dévots d'Ammon, trop pauvres pour pouvoir emporter dans la tombe un exemplaire entier du *Livre de ce qu'il y a dans l'Hadès*, se procuraient au moins une copie plus ou moins complète des figures de cette heure, et c'est pourquoi nos musées en contiennent un si grand nombre d'exemplaires, la plupart écrits à la hate et peu importants.

Le gros scarabée noir de Khepra est venu se poser à l'avant de la barque, qui maintenant ne vogue plus sur le fleuve, mais doit passer tout au travers du corps d'un gigantesque serpent, la *Vie des dieux*, entrant par sa queue

---

1. Principaux textes : Papyrus Berlin 3001, pl. V-VII (inédit) ; Pap. Berlin 3004, pl. II (inédit) ; Pap. Leyde 71, pl. IV (inédit); Pap. Leyde 72, pl. V-VI (inédit); Pap. Louvre 3071 (Pierret, *Études égyptologiques*, II, p. 136-147); Pap. Turin (éd. Lanzone, pl. V-VII). — Étude sur cette heure : Maspero, *Hypogées royaux*, 96-101.

2. Voir à ce sujet : Introduction, p. 7-8.

pour ressortir par sa bouche. C'est dans ce reptile, image du renouvellement, grâce à la faculté des serpents de changer de peau tous les ans, que Khepra va se substituer à Afou,

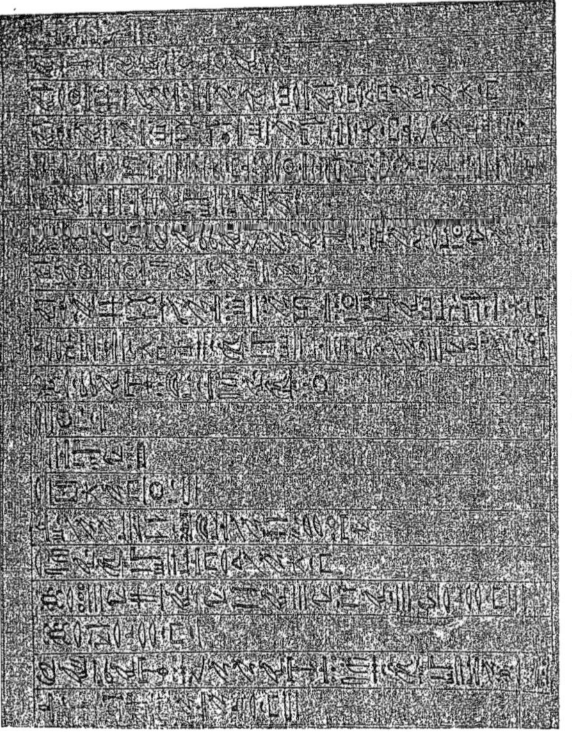

Pap. Berlin 3001, l. 156-175.

l'âme au corps mort. Pour effectuer ce passage, la barque est halée par douze personnages, des dévots de Ra, qui après avoir traversé avec lui tout l'enfer, vont renaître aussi, rajeunis, à l'Orient, passer la journée sur la terre à faire ce qui leur semblera bon, et venir au soir se remettre sous sa protection. Après que la barque est sortie de la bouche du serpent, pour atteindre l'extrémité de l'Hadès, dont les murailles viennent se rejoindre en demi-cercle, douze dévotes d'Ammon Ra viennent remplacer les haleurs. Elles le traînent jusqu'au moment où, arrivé au terme de sa course, la momie d'Afou est jetée dans un coin comme un objet inutile, contre la muraille, tandis que seul, le scarabée s'envole vers Schou qui va le faire renaître et le placer,

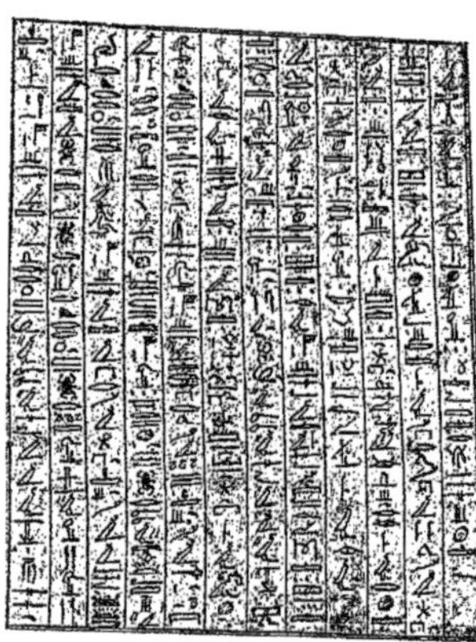

Pap. Leyde 71, l. 108-119.

soleil resplendissant, sur *Mâdit*, la barque du matin. Du dieu Schou, l'on n'aperçoit que la tête et les deux bras étendus, tandis que le reste de son corps est sur terre ; il préside à l'enfantement du soleil qui sort, sous forme d'un scarabée, entre les jambes de Nouît, dans de nombreuses représentations.

Les deux autres registres sont ici fort peu importants et leur population a bien l'air d'y avoir été mise pour remplir un espace vide. Au registre supérieur sont deux séries de douze personnages, dont les premiers, sous la forme de déesses portant sur leurs épaules des serpents à l'haleine enflammée, voyagent avec Ra, le conduisent et repoussent Apophis, tandis que les douze génies qui suivent lui adressent des acclamations. Ces deux groupes correspondent parfaitement à deux des groupes de la première heure, les uræus qui doivent éclairer Afou, et les invocatrices : c'est sans doute, sous une autre forme, les mêmes personnages.

En face, d'abord *Nou* et *Nouït*, *Hehou* et *Hehouït*[1], divinités présidant à la naissance du soleil, puis deux groupes de quatre dieux armés de rames, défendant Ra contre Apophis et soulevant le disque à l'horizon oriental, sont séparés par un serpent qui se dresse, crachant des flammes. Enfin, dix[2] adorants récitent des prières.

TEXTES RENFERMANT LA DOUZIÈME HEURE

1. Papyrus Berlin 3001,	abrév., B. 3001.
2. Pap. Leyde 71,	Ld. 71.

1. Voir sur ces deux dieux, généralement représentés l'un avec une tête de grenouille, l'autre avec une tête d'uræus, Brugsch, *Religion und Mythologie*, p. 132-140 et 158. Le couvercle du sarcophage d'un des béliers de Mendès représente Hehou et Hehouït en train de recevoir dans leurs bras le soleil naissant. (Voir Mariette, *Monuments divers* pl. XLVI.)

2. Le nombre de ces personnages n'est pas fixe : le Papyrus B. 3001 en donne sept et Ld. 71 douze.

1. Ld. 71 :

2. Ld. 71 :

3. Ld. 71 :

4. Ld. 71 : .

5. Ld. 71 : .

6. Ld. 71 : .

7. Ld. 71 : .

8. Ld. 71 : .

9. Ld. 71 : .

10. Ld. 71 : .

11. Ld. 71 : .

12. Ld. 71 : .

13. B. 3001 : (?)

14. B. 3001 : .

15. Ld. 71 : .

16. Ld. 71 : .

17. Ld. 71 : .

18. Ld. 71 : .

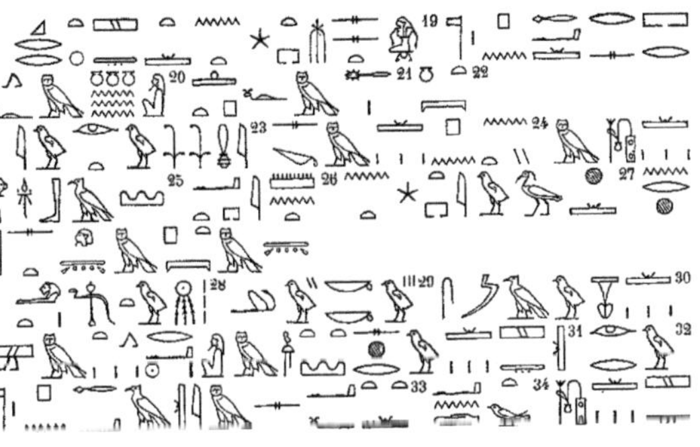

---

19. Ld. 71 :

20. Ld. 71 :

21. Ld. 71 :

22. Ld. 71 :

23. Ld. 71, manque.

24. B. 3001 : ; Ld. 71 :

25. Ld. 71 :

26. Ld. 71 :

27. Ld. 71 :

28. Ld. 71 :

29. Ld. 71 :

30. Ld. 71 :

31. Ld. 71 :

32. Ld. 71 :

33. Ld. 71 :

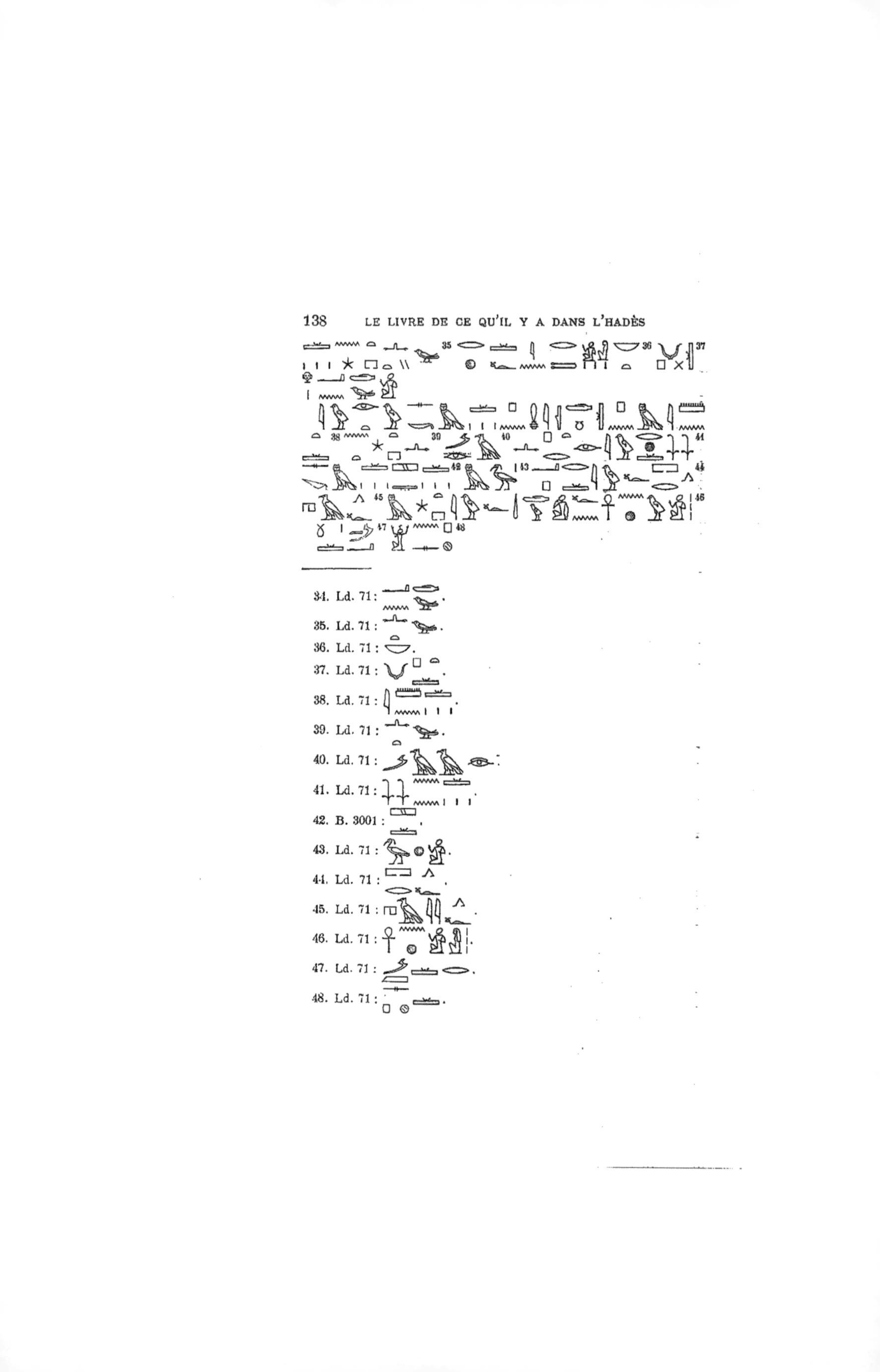

34. Ld. 71 :

35. Ld. 71 :

36. Ld. 71 :

37. Ld. 71 :

38. Ld. 71 :

39. Ld. 71 :

40. Ld. 71 :

41. Ld. 71 :

42. B. 3001 :

43. Ld. 71 :

44. Ld. 71 :

45. Ld. 71 :

46. Ld. 71 :

47. Ld. 71 :

48. Ld. 71 :

TRADUCTION

La Majesté de ce grand dieu arrive dans ce cercle, extrémité des ténèbres épaisses : là[1] ce grand dieu est mis au monde en ses formes de Khepra. Nou et Nouît, Hehou et Hehouît sont en ce cercle, afin que ce grand dieu soit enfanté et qu'il sorte de l'Hadès, qu'il se joigne à la barque Mâdit et se lève dans l'entre-cuisses[2] de Nouît.

Le nom de la porte de cette cité est : ....

Le nom de cette cité est : *les ténèbres deviennent le lever des naissances*[3]. C'est le cercle mystérieux de l'Hadès, où est enfanté ce grand dieu lorsqu'il sort du Nou et arrive dans le ventre de Nouît.

Celui qui fait ces choses à l'image de ce qui est dans les tableaux, à l'est de la maison cachée de l'Hadès, cela est utile, tant au ciel que sur terre, à celui qui connaît ces choses sur terre.

C'est le commencement des rayons, l'extrémité des ténèbres épaisses, que Ra traverse dans l'Amenti ; voilà les affaires mystérieuses que ce grand dieu y fait.

La grandeur et l'exiguïté (?)[4] des tableaux mystérieux de

---

1. Littéralement : Pour ce cercle.

2. Les déterminatifs de [hiéroglyphes], qui représentent bien nettement des muscles larges et plats, nous montrent qu'il ne s'agit pas des cuisses tout entières, mais de l'entre-cuisses.

3. Ce nom indique bien clairement le caractère transitoire de cette région qui, quoique appartenant encore aux ténèbres, voit déjà poindre la lumière. C'est l'aurore.

4. Cette phrase est très obscure : je ne connais pas de mot [hiéroglyphes]. M. Brugsch (*Dict.*, *Suppl.*, p. 254), donne le mot [hiéroglyphes] avec la signification *eng, schmal*, opposé à [hiéroglyphes], *large, étendu*. Peut-être le mot [hiéroglyphes] n'est-il ici qu'une variante phonétique de [hiéroglyphes]. Cette phrase ne se trouve malheureusement dans aucun des exemplaires de l'édition illustrée.

l'Hadès, tout homme qui ne les connaît pas est voué à la perdition.

Celui qui fait ces représentations à la façon de ce qui est dans l'Amenti, qu'on ne peut ni voir ni distinguer, celui qui connaît ces images mystérieuses, celui-là est à l'état de mâne bien muni, il sort et entre dans l'Hadès............

....

En vérité, des millions de fois.

INDEX

Des mots contenus dans le Papyrus de Berlin n° 3001[1].

1. Cet Index ne concerne que le Papyrus B. 3001, sans tenir compte des autres variantes. Le chiffre romain indique le numéro de l'heure de la nuit, le chiffre arabe indique la ligne. Un chiffre entre parenthèses montre la place que devrait occuper un mot oublié par le scribe. Quand le Papyrus B. 3001 omet une phrase ou plus, comme à la VIIe et à la IXe heure, j'ai donné comme renvoi la ligne du Papyrus de Leyde, n° 71, précédée de la lettre L.

8.
V, 57, 64.

9. ; ; (voir aussi)
III, 32 — IV, 45, 50 — V, 58, 65, 67 — VI, 78, 81 — VII, 96, 113 (L. 77) — VIII, 118, 122 — IX, 126 (L. 89) — X, 133 — XI, 144, 149 — XII, 159, 170.

10.
IV, 49, 53.

11. ;
I, 6 — II, 19 — III, 36 — IV, 47, 50 () — V, 62, 70, 71 — VI, 87 — VII, 106, 111 — XI, 151 — XII, 167, 172.

12. ;
I, 1 — II, 20 — III, 36 — IV, 44 — V, 61, 62 — VI, 81 — VII, 99, 110 — VIII, 121, 124 — IX, 128, 129 (L. 90) — X, 137, 139 — XI, 152 — XII, 189.

13.
II, 11 — III, 27 — IV, 44 — VI, 77, 86, 90 — VII, 95, 114 — VIII, 117 — IX, 126, 127 — X, 133 — XI, 144 — XII, 156, 171.

14.
I, 6 — II, 14 — III, 32 — VII (L. 73).

15. ;
III, 40 — VI, 88, 94 ().

16.
I, 5, 6 — II, 19 — III, 27, 35 — IV, 44 — V, 70 — VI, 81, 87 — VII, 96, 106, 108, 110, 111, 112 (L. 74) — VIII, 123 — IX, (128) — X, 139 — XI, 151 — XII, 167.

17.
III, 42 — V, 66 — VI, 84 — VII, 96 — IX (L. 89) — X, 135 — XII, 170.

18.
XII, 161.

19.
III, 28, 29, 32 — VII, 95, 98 (L. 75).

34. ;

II, 19, 20 — III, 35, 36 — V, 70 — VI, 87 — VII, 106 — VIII, 123 — IX, 128, 139 — XI, 151 — XII, 167, 171.

35.

IV, 51 — XII, 174.

36.

VII, 114 — XII, 171.

37. ;

II, 24 — III, 32.

38.

I, 2, 3, 10.

39.

II (15) — V, 50 — VI, 60 — VIII, 119 — IX, 129.

40.

II (15).

41.

VIII, 125.

42. ;

I, 2 — II (15) — III, 41.

43.

V, 62, 71 — VI, 87 — VII, 106 — VIII, 123 — IX, 128 — X, 139 — XI, 152 — XII, 167.

44.

II, 17 — V, 76 — VI, 79, 80, 92 — VII, 99, 113 — VIII, 118, 121 — IX, 126, 127 — XI, 155.

45.

III, 34.

46.

VII (L. 77).

47.

II, 14.

62.

IX (L. 89).

63.

I, 2 — VI, 92 — VII, 105.

64.

I, 2, 3, 10 — II, 11, 14, 23, 25 — III, 27, 35, 43 — IV, 44, 48, 54 — V, 56, 57, 58, 59, 69, 70, 75 — VI, 77, 81, 86, 87, 90, 93 — VII, 95, 96, 99, 103, 106, 114, 115 (L. 73, 74, 75) — VIII, 117, 125 — IX, 126, 127, 128, 132 (L. 88, 90) — X, 133, 134, 139, 442 — XI, 144, 145, 148, 151, 154 — XII, 156, 157, 160, 166, 167, 170, 172.

65.

III, 42 — XI, 148 ( ), 155 ( ) — XII, 160, 166, 173.

66. (?)

IX, 131.

67.

III, 27.

68.

I, 1 — XII, 157, 169.

69.

XI, 153.

70.

VII, 105, 107, 113 — XI, 148, 153 — XII, 168.

71.

V, 57, 69 — XII, 172.

72.

XI, 149.

73.

III, 40.

74.

I, 3, 4, 7, 8 — II, 14, 16, 17, 18, 24 (15) — III, 29, 32, 33, 38, 41, 42 — IV, 45, 50 — V, 57, 59, 72, 73 — VI, 77, 78, 79, 81, 89, 90 — VII, 96, 97, 98, 99, 100, 102, 105, 107, 114 (L. 74, 75,

86.
VII (L. 75) — VIII, 118.

87.
VII, 106 — VIII, 123.

88.
I, 4 — II, 11, 17 (15) — III, 27, 29 — IV, 44 — VI, 88 — XI, 150.

89.
X, 135 — XI, 150 — XII, 157, 160, 165, 166.

90.
VI, 94.

91.
II, 25 — IX, 132.

92.
X, 138.

93.
VI, 84.

94.
IV, 49, 52.

95.
I, 5 — II, 23 — III, 29 — IV, 45 — V, 58 — VI, 77, 90, 91 — VII, 95 — VIII, 118 — IX, 126 — X, 133 — XI, 144 — XII, 174.

96.
XII, 161.

97.
VI, 77, 92 — X, 136.

98.
I, 4, 6, 7, 8, 9 — II, 11, 13, 14, 18, 21, 22, 23, 24, 25 — III, 27, 29, 31, 32, 34, 35, 37, 38, 43 — IV, 46, 47, 48, 49, 52, 54 — V, 57, 60, 61, 62, 63, 65, 69, 72, 75 — VI, 77, 79, 80, 81, 86, 89, 91, 92, 93 — VII, 96, 98, 103, 106, 107, 113, 114, 115 (L. 75, 76) — VIII, 117, 118, 119, 120, 125 — IX, 126, 132 (L. 88, 89) — X, 134, 136, 138, 142 — XI, 144, 145, 147, 151, 154 — XII, 157, 162, 163, 164, 168, 171, 175.

112.

I, 2, 7, 9 — II. 11, 14, 15, 23, 24, 25 — III, 27, 28, 43 — IV, 44, 54 — V, 56, 58, 59, 75 — VI, 77, 90, 91, 93 — VII, 95, 96, 98, 99, 103, 115 (L. 74, 75) — VIII, 117, 121, 125 — IX, 126, 127, 132 (L. 88, 90) — X, 133, 134, 142 — XI, 144, 145, 148, 154 — XII, 156, 157, 160, 166, 170.

113.

I, 3, 4 — II, 13, 23 — III, 29, 31 — IV, 45 — V, 58, 61, 65, 74 — VI, 77, 89 — VII, 96 (L. 76) — VIII, 118, 120 — IX, 126, 127, 130 — X, 133, 137 — XI, 144 — XII, 163.

114.

I, 3, 4, 5 — II, 14, 17 (20) — III, 29, 30, 33, 36, 40, 42 — IV, 51 — V, 59 — VI, 78, 79, 80, 81, 83, 90 — VII, 96, 97, 98, 104, 109 (L. 74, 75) — VIII, 117 — IX, 127 (L. 90) — X, 137, 138, 140, 142 — XII, 158, 159, 161, 166.

115.

IV, 48, 51, 52 — VII, 103 — XI, 147.

116.

I, 4, 9 — III, 40 — V, 58 — VI, 92 — VII, 109, 110, 113 — X, 137, 141 — XII, 169.

117.

I, 4, 9 — II, 13, 14, 21, 25 — III, 31, 32, 34, 43 — IV, 46, 47, 54 — V, 60, 61, 65, 75 — VI, 80, 83, 92, 93 — VII, 98, 115 — VIII, 119, 120, 124, 125 — IX, 128, 129, 132 (L. 88, 89) — X, 134, 136, 140, 142 — XI, 145, 147, 154 — XII, 162, 164.

118.

I, 6 — II, 14, 23 — III, 32, 38, 40, 41 — IV, 48, 52 — V, 69, 72 — VI, 86, 88 — VII, 109, 113, 114 (L. 75, 76, 77) — VIII, 124 — IX, 129 — X, 140 — XI, 153 — XII, 168, 171, 173.

119.

V, 71 — VI, 87.

120.

IV, 48, 52.

121.

VII, 98.

136.
XII, 159.

137.
XII, 159.

138.
II, 22 — XII, 175.

139.
VII, 116 — X, 143.

140.
IX, 131.

141.
VII, 97, 102, 108.

142.
I, 1 — II (20) — III, 36 — XII, 169.

143.
I, 9.

144.
II, 18 (20).

145.
IV, 51.

146.
V, 76 — X, 143.

147.
II, 11 — III, 27 — IV, 44 — V, 72, 73 — VI, 77 — VII, 95 — VIII, 117 — IX, 126, 127, 129 (L. 89, 90) — X, 133, 136 ( ) — XI, 144, 153 — XII, 156, 161, 166.

148.
V, 72 — VI, 78, 79, 88, 90.

149.
III, 41-42.

150.
III, 39.

167.
I, 2.

168.
XII, 166.

169.
X, 143.

170.
II, 26 — IV, 45, 55 — V, 76 — VI, 78, 81 — VII, 96, 99, 101 — IX, 127, 132 — X, 133, 137, 138, 140 — XI, 144, 148, 149 — XII, 166, 170.

171.
II, 21 — III, 37.

172.
IX (L. 89).

173.
VI, 91 — VII (L. 74).

174.
III, 38 — VII (L. 76).

175.
IV, 47, 50 — V, 60 — VI, 80 — VIII, 119 — IX (L. 88) — X, 134 — VI, 145, 155 — XII, 162.

176.
X, 143 — XI, 155.

177.
I, 3.

178.
VI, 80.

179.
I, 6, 7 — III, 35 — IV, 48, 53 — V, 57, 69, 70 — IV, 86, 87 — VII, 114 (L. 75) — VIII, 123 — IX, 129 — X, 138, 139 — XI, 149, 151 — XII, 167, 172, 173.

180.
I, 9 — II, 25 — III, 43 — IV, 54 — V, 75, 76 — VI, 93 — VII, 115 — VIII, 125 — IX, 132 — X, 142 — XI, 154.

195. [hiéroglyphes]
VII, 97 (L. 75).

196. [hiéroglyphes]
X, 140.

197. [hiéroglyphes]
I, 4.

198. [hiéroglyphes]
IV, 50 — V, 57 — VIII, 117.

199. [hiéroglyphes]
IV, 52 — XII, 169.

200. [hiéroglyphes]
I, 7 — II, 21, 24 — III, 37 — VIII, 125 — XI, 153 — XII, 175.

201. [hiéroglyphes]
II, 25.

202. [hiéroglyphes]
VII, 104.

203. [hiéroglyphes]
II, 17.

204. [hiéroglyphes]; [hiéroglyphes]
III, 31, 35 — IV, 44, 48 — V, 57, 62, 68 — VI, 81, 85, 86 — VII, 98, 99 — VIII, 117, 121, 124 — IX (L. 90) — X, 137, 138, 142 — XI, 148 — XII. 166, 170, 171, 173.

205. [hiéroglyphes]
X, 136.

206. [hiéroglyphes]
VII (L. 74).

207. [hiéroglyphes]
VII (L. 76).

208. [hiéroglyphes]
IV, 44, 46, 47 — V, 56, 61, 65, 75 — VII, 104, 115 (L. 77) — VIII, 117, 121 — IX, 126, 132 (L. 90) — X, 133, 137 — XI, 144, 147, 148, 154 — XII, 156, 158, 159.

223.
IV, 51.

224.
II, 18.

225.
III, 42.

226. ;
VII, 95, 96, 98 (L. 75).

227. ;
I, 3, 5, 10 — II, 11, 13, 25 — III, 28, 29, 30, 31, 34 — IV, 46, 47 — V, 60, 65, 75 — VI, 78, 79, 80, 91, 92, 94 — VII, 96, 97, 98, 100, 104, 115 (L. 75, 77) — VIII, 119, 120 — IX, 126, 127, 132 (L. 88, 89) — X, 133, 134, 136, 142 — XI, 144, 145, 149, 154 — XII, 156, 158, 159, 162.

228.
XII, 163 (?).

229.
VII (L. 73).

230.
XI, 148.

231.
V, 59.

232.
VIII, 120.

233.
VI, 83.

234.
III, 43 — V, 72 — X, 143.

235.
VIII, 124.

236.
IV, 49 — V, 63 — VII, 99 — VIII, 118.

FIN

TABLE DES MATIÈRES

FIN DE LA TABLE

ERRATA

La planche de la page 67 ayant été mal coupée, il y manque à gauche la première colonne. Elle devait contenir les lignes *44-55*.

P. 75, lire au-dessous de la figure *l. 56-76* au lieu de *l. 55-75*.

CHALON-SUR-SAÔNE, IMP. FRANÇAISE ET ORIENTALE DE L. MARCEAU.

www.ingramcontent.com/pod-product-compliance
Ingram Content Group UK Ltd.
Pitfield, Milton Keynes, MK11 3LW, UK
UKHW021120220726
13924UKWH00004B/1827